日本語教師が知りたい

敬語
と
待遇
コミュニケーション

坂本惠　著

スリーエーネットワーク

Published by 3A Corporation.
Trusty Kojimachi Bldg., 2F, 4, Kojimachi 3-Chome, Chiyoda-ku, Tokyo 102-0083, Japan

ISBN978-4-88319-951-8 C0081

First published 2024
Printed in Japan

もくじ

Ⅰ　はじめに

1．敬語とは

　敬語は日本語に特有のものであると考えられることが多く、日本語学習者だけでなく、日本語母語話者の中にも敬語は難しいと考える人が多いようです。「敬語で話す」というと、「です」「ます」を使った丁寧な話し方を指すこともありますが、一般には「おっしゃる」や「申し上げる」などの言葉を敬語と呼ぶことが多く、「おっしゃる」は「言う」の敬語（尊敬語）、「申し上げる」も同じく「言う」の意味の敬語（謙譲語）のようにいわれます。つまり、「おっしゃる」「申し上げる」は「言う」という通常の言葉とは違ったある種の特別の言葉であり、このように別の言葉を使わなければならないことが、敬語が難しいといわれる理由となっているようです。では、敬語を使って話すということはいったいどのようなことなのでしょうか。簡単にいうと、相手によって言葉遣いを変えている、ということです。敬語を使った話し方は、相手に配慮して丁寧に話す、つまり「丁寧な言葉遣い」と考えることができます。

　それでは、そのような言葉遣いは日本語だけにしかないのでしょうか。丁寧とか、相手によって言葉を使い分けることは、日本語独自のもので、普遍性はないのでしょうか。日本語学習者に「あなたの言葉に敬語がありますか」と聞くのではなく、「あなたの言葉で相手によって言葉遣いを変える、あるいは丁寧な言葉遣いをする、ということがありますか」と聞くと、ほとんどの学習者が、あると答えます。

ヨーロッパ系の言語の多くには二人称代名詞に、丁寧な形と親しみのある形の２つがあります。英語には今はこの区別はありませんが、依頼するときなどの丁寧な表現があることが知られています。ある学習者は、「私の母語では言葉遣いは特に変わりませんが、丁寧に話すときには低い声でゆっくり話します」と言っていました。丁寧な話し方があったり、相手によって言葉遣いを変えたりすることは多くの言語で見られる現象だといえます。日本語ではそれが敬語という特別な語彙で表されることが多く、目につきやすいので特別だと思われるのでしょう。もちろん日本語と同じように特別な語彙をもつ言語（韓国語やジャワ語など）も存在します。特別な語彙で丁寧さを示すということは、敬語を使っていれば丁寧な表現だとわかるので、日本語は丁寧な形がわかりやすい言語であるともいえるのです。

２．丁寧と配慮

　ここで、敬語の話をするときに必ず出てくる２つの言葉、「丁寧」と「配慮」について考えてみましょう。「丁寧にする」「配慮する」、この２つは同じ意味でしょうか。「丁寧にすることは配慮すること」といわれることもあり、同じような場面で使われることがありますが、使い方は少し異なるようです。どのように使うか考えてみてください。まず「丁寧」は「丁寧な」「丁寧に」で「形容動詞（ナ形容詞）」あるいは「副詞」として使われますが、「配慮」は「配慮する」という動詞として使われます。例えば次のように使われます。

　「丁寧な態度」「丁寧な説明」「丁寧に話す」「相手に丁寧に対応する」「相手に配慮する」「その人の状況に配慮する」「環境に配慮する」

　これらを見ると、「丁寧」は相手があってもなくてもよさそうですが、「配慮」は相手が必要です。ただし、その相手は人とは限らない

ようです。

　では、「丁寧」にすることは常に「配慮」することになるでしょうか。「丁寧だけど配慮していない」あるいは「丁寧ではないが配慮している」という例があるでしょうか。例えば、一人でいる小さい子どもに対して大人に対するときと同じように「どうなさいましたか、何かお困りですか」などと話すのは、丁寧かもしれないけれど、配慮しているとはいえないでしょう。子どもに対しては相手に合わせた「ボク、どうしたの？　一人なの？」などと言うほうが配慮しているといえるのではないでしょうか。「慇懃無礼」という言葉がありますが、これは丁寧にすればいいというものではないことを示しています。このように、丁寧にすればいつも相手に配慮しているのではないことは明らかでしょう。一方で、大きな荷物を持った人のためにドアを開けておいたり、エレベーターで「何階ですか」と聞いて行き先階ボタンを押したりすることは「配慮」のある行動だといえるでしょうが、無言でドアを開けておいたり、ぶっきらぼうに聞いたりすれば、それは「丁寧」とはいえないでしょう。また、その人の状況に応じて声をかけたりかけなかったりすることも「配慮」だといえますし、よく知っている人には簡単に、知らない人には詳しく、など相手の状況に合わせた説明をすることも「配慮」だといえます。何かをすることも「配慮」、あえてしないことも「配慮」になります。大事なのは相手に合わせることだといえます。

　つまり、「配慮」は場合によっては人とは限らないのですが、相手の状況を見て、相手に合わせた言い方、行動をすることといえそうです。そのためには相手をよく見て、相手に必要なことを考えなければなりません。これは人とコミュニケーションをとるときに大切なことだといえます。

一方、「丁寧」にはどんな意味があるでしょうか。「丁寧な仕事」「丁寧なお返事」「丁寧に説明する」「丁寧に扱う」「丁寧に包む」「丁寧に掃除する」のようにある行動についてのやり方をいうときに使われるようです。何かをするときに、簡単に、荒く、ぞんざいに、雑に、ではなく、きちんと、細かいところにも気を配って、きれいに、その動作を行う、というような意味でしょう。壊れやすいものを扱うときのような動き方で、デパートの店員さんや高級旅館の仲居さんなどの動作が「丁寧な態度」といえるでしょう。言葉遣いについていうときには、同じように、きれいな言葉遣いで、気を配って話す、という意味になります。つまり、「丁寧」は相手に対する「配慮」とは異なり、多くの場合その人だけで完結する何かをするときの方法のことであり、言葉遣いでいえばきれいな、美しい、という方向で示されるものだといえます。

3．敬語に対する考え方―学習者の発言から見えてくるもの

　日本語学習者と接していると、あるいは海外で生活していると、普段は意識していない日本語が見えてきます。以下、筆者が実際に経験したエピソードを挙げてみます。

① 日本語初級の最初の授業で「お国は？」「私の国は○○です」を練習していたとき、ある欧米系の学生が、「相手の国は尊敬するけれど、自分の国は尊敬しない」と英語でつぶやいた。

② 欧米系の学生が「敬語は上下関係に基づく封建的なものだから自分は使いたくない」、「尊敬していない人に尊敬語を使いたくない」と言った。

③ 大学が主催した留学生を歓迎するパーティーで大学の教職員が「ささやかな会ですが」と次々に挨拶するので、留学生の代表も

「ささやかなパーティーを開いてありがとう」と挨拶した。

④ 海外の大学で日本語を教えているときの話。朝、大学で学生と会ったとき、学生がさっと姿勢を正し、「あ、先生」と言ったことに敬意を感じたが、それに続けて「おはよう」と言った。（ちょっとがっかりして「おはようございます、って言ってね」と言ってしまう。）

　これらのエピソードから気づくのはどんなことでしょうか。①のエピソードからは「お国は？」という表現は相手の国に対して使っているわけではなく、相手のものを高く扱うことが相手を高めることになるということが理解されていないことがわかります。②のエピソードからは、もちろん「敬語」は上下関係で使うと考えている人もいると思いますが、だから使いたくない、と言っていいものか、本当に「尊敬していない人には敬語を使わない」ことができるのかということを考えさせられます。③のエピソードからは、日本語母語話者なら、普通自分の開いたパーティーについては「ささやかなパーティー」、相手の開いたパーティーについては「素晴らしいパーティー」のように言うと思いますが、実は無意識のうちに言葉の使い分けをしていることに気がつきます。このような使い分けはある種「お約束」のようなものですが、それは①で自分の国は「国」、相手の国は「お国」と表していることと同じようなことだということがわかると思います。④のエピソードからは尊敬の気持ちは敬語以外の態度などでも伝わるが、日本語の場合はそれを言葉で表さないと不十分であることがわかります。このように、日本語を母語としない人と接していると、日本語の敬語がどのようなものであるか気づかされることが多いのです。

　日本語の「敬語」を支える考え方は、日本語母語話者は意識していないけれど共通してもっている約束事のようなもので、日本語非母語

話者には説明しないとわからないものであるといえます。そして、「ささやかなパーティー」の例からわかるように、この考え方は敬語だけで表されているのではないということがいえると思います。また、「おはよう」と「おはようございます」の違いから、敬語を考えるためには敬語を使わない表現も同時に考えなければならないこともわかります。さらには、「敬語」は相手に配慮して丁寧にする、いわばプラスの方向に働くものだといえますが、マイナスの方向、つまり侮蔑したり罵ったりする表現も考えたくなります。

4. 待遇コミュニケーション

　これらの表現について、人をどのように扱うかという観点からとらえたものとして「待遇表現」という用語で表すことがあります。「待遇」というのは、人をどのように扱うか、どう位置づけるか、ということで、一般には働くときの給料などの意味で使われていますが、日本語学、日本語教育においては、相手をどのように「待遇」しているかという観点から敬語を広くとらえ、相手や場面によって使い分けるものとして考えています。本書では、発信する側の「表現」だけではなく、受け取る側の「理解」も考慮に入れて、敬語を「コミュニケーション」全体の中でとらえるため、「待遇コミュニケーション」という用語を使っています。

　「待遇コミュニケーション」には敬語以外、さらにいえば言葉以外の要素もたくさんあります。大きくいえば、日本語に存在する、人やそのほかのものに配慮したコミュニケーションのあり方、といえるでしょう。別の方向から考えると、どうすることが「丁寧」であるのか、「丁寧」ではないのかということだと思います。

　敬語を敬語だけの言葉の問題、狭い世界として考えるのではなく、

日本語に備わっている大きなシステムの一部と考えることから始めましょう。

　ただ、日本語の「待遇コミュニケーション」の考え方というのは、日本語母語話者が漠然ともっている枠組みのようなものに基づいており、共通しているところは多くあるものの、細部についてはかなり個人差があり、地域差、年代差も大きいものだといえます。本書で示したものは、筆者個人が経験したことや観察したことを分析したもので、一つの考え方に過ぎません。ここに示されたものは一つの例として、自分の考えとは違う、ここはこう考えたい、など、自分自身の考え方を探るための枠組みとしてとらえていただければと思います。

　敬語について考えることは日本語について考えることになります。敬語について考えることで、敬語だけでなく日本語の見方が変わることを願っています。

　なお、本書では、日本語の教科書で一般的に扱われている「共通日本語」を対象として考察しています。地域によっては方言が使われたり、ここで挙げたのとは異なった表現が使われたりすることも多いと思います。本書に挙げられたものを一つの例として、ご自分の言葉と比べてみていただきたいと思います。

あ、先生、おはよう

Ⅱ 待遇コミュニケーションの世界のとらえ方

　私たち日本語母語話者はどのように世界をとらえ、それを言語でどのように表現しているのでしょう。まずは待遇コミュニケーションという観点から日本語母語話者がとらえている世界について考えてみたいと思います。待遇コミュニケーションは、人間関係と「場」（あわせて「場面」）を考慮したものです。それぞれについて考えてみましょう。

　日本語はほかの言語、例えば英語などと比べると、客観的に世界をとらえるのではなく、自分自身の観点からとらえて表現する言語だといわれることがあります。[注] 英語などの言語とは違って、日本語では構文上主語が必須でない場合も多く、主語がなければ話し手（自分）のことを言っていると考えられます。つまり、日本語では、話し手が話すことは、その人の視点からとらえたもの、話し手が見た世界を表しているといえるかもしれません。自分自身から見える世界、特にその世界の中の相手を含めた「人」についてどうとらえているかが表れたのが「待遇コミュニケーション」の世界だといえそうです。具体的にどのように世界をとらえているのか、見ていきましょう。

（注）井出（2006）では『伊豆の踊子』の一文を分析すること（pp.206-213）で、「日本語の話し言葉の特徴は、主観性を帯び、場の中に会話参加者が埋もれた状況での発話である。英語の発話は発話状況を客観的に捉え、命題のみを過不足なく述べているものとなっている。」（p.213）と述べている。（井出祥子（2006）『わきまえの語用論』大修館書店）

１．相手のとらえ方

　一番重要なのは、今話をしている直接の相手をどのようにとらえるかです。

（１）自分との関係

　最初の観点は、相手と自分自身との関係はどのようなものか、ということです。その人の社会的な属性（職業もその一部です。例えば教師、会社員、店員など）だけではなく、自分自身から見てどのような存在なのか、という観点が重要です。これは自分と相手の関係によって決まってきます。

　例えばある人の属性（職業）が教師であったとします。もし自分が学校でその人から何かを習っているのであれば、その人と自分の関係は「教師」と「生徒」ということになります。また、その人が自分の「親」であったら、その人と自分の関係は「親」と「子」という関係になります。つまり、相手が「親」であると同時に、「教師」でもあるという関係となり、その場合は、学校では「教師」であることが優先され、家に帰れば「親子」の関係が優先される、ということになるでしょう。このように自分と相手との関係をどうとらえるかが、相手をどう扱うかを考える第一のポイントとなります。

　自分と相手の関係によってそれぞれの「立場」が決まってくるわけですが、例えば「教師」と「生徒」という立場であった場合、それぞれ「教師」として、「生徒」としての「社会的役割」があります。「教師」は「生徒」に対して何をすることになっているか、何が期待されているか、何をしてはいけないのか、などの行動が決まっています。「生徒」も同じです。それぞれの「立場」によって相手をどう扱うか、相手に何を期待するかなどが社会の中でだいたい決まっているといえ

ます。このようなことも、地域によって、グループによって、個人によって考え方が違ってくると思いますが、日本の社会では大まかな合意があるといえるのではないでしょうか。例えば、生徒から教師に、授業で必要な本を貸してくれるよう依頼することはできても、借金の申し込みはできない、といったようなことです。家族のメンバー、親戚関係の人、友人などについても何ができて何ができないか、どんなことが期待できてどんなことが期待できないかなどの合意があると思います。それは言葉遣いには関係ないと思うかもしれませんが、実際にはいろいろな影響があります。

　立場や役割は、以上に挙げたかなり固定的なもの以外に、臨時的なものもあります。例えば、商店やレストランでの客と店員、施設などでの利用者と職員などの立場です。友人がアルバイトをしているコンビニに客として行ったら、その友人は自分を客扱いにし、丁寧な言葉遣いをするでしょう。アルバイトが終わったら元の友人関係に戻ります。日本では教師と生徒の関係は学校を離れても続きますが、学校の外ではその関係はなくなると考える文化もあります。留学生に「学校の外では『先生』と言わなくてもいいですか」と聞かれたことがあります。

（2）自分との位置関係

　次の観点は、相手と自分の位置関係です。具体的に言葉に表れるものとしては「上下関係」があります。

　教師と生徒なら通常は教師が上、親子関係なら親が上、と考える人が多いと思います（もちろん、そう考えない人もいます）。会社などの組織の中では、役職によって上下関係が決まり、その上下関係ははっきりしています。先輩と後輩の関係と同様に、その組織に長くい

る人の方が上になる場合もあります。そのほかに年齢も関係します。同じ社会的地位や同じ立場であるといえる友達どうしであれば、年齢が上の方が上に扱われます。

　従来、日本語の敬語は「上下関係」を示すものと考えられてきましたし、歴史的にはそういえると思います。ただし、現在の社会の中で、それほど明確な上下関係があるでしょうか。たしかに、「上扱い」することはありますし、それは重要なことである場合も多いですが、「下扱い」する関係や、実際に「下扱い」することが日常的にあるでしょうか。例えば、「目上」「目下」という言葉を考えてみてください。「目上」という言葉はありますし、使われることがありますが、「目下」という言葉は現在ではあまり使われないようです。一昔前の身分制度がはっきり存在した時代や、召使いや使用人が普通にいた時代であったら、下の身分や使用人を「目下」として「下扱い」にするようなことはあったと思いますが、現在の社会で実際に「下扱い」にすることがそれほどあるとは思えません。先輩から後輩に対して、あるいは会社で上司が部下に対して、ぞんざいな言葉遣いがされる場合もあると思いますが、それは相手が「目下」だから「下扱い」しているのでしょうか。言葉遣いは丁寧ではないかもしれませんが、親しい同年配の友達に対するような、「親しみ」を込めた扱いだといえるかもしれません。言葉に表れる面としては「下扱い」にするというより、「上扱い」しない、と考えたほうがよさそうです。「上下関係」といいますが、実際には「上」であるかどうかが重要な指標であり、「下」というより、「上ではない」と考えているのではないでしょうか。

　つまり、上下関係を認定するとき、「上」かそうでないかを考え、そして、その人を「上扱い」にするかどうか考えるわけです。実際に

は「上」でも人によって微妙に違いがある場合もあるでしょう。会社の中でも社員から見て課長、部長、そして社長と考えると、「上」にもいくつか段階がありそうです。それぞれの人が絶対的に同じ軸上に並んでいるという場合もありますが、2人の人を比べたときに相対的にどちらが上かが決まる、ということもあるのではないでしょうか。

　「上ではない」という認定の中で、自分と「同じ」つまり「同等」の位置にある、という認定もあると思います。同じ条件、つまり立場や年齢が同じ人は「同じ」「同等」という感覚だと思います。小中高の同級生がそれに当たります。大学などでは同級生でも年齢が違ったりすることがありますが、そのときに、同じ年齢である人だけを「上」ではない「同じ─同等扱い」と考えるのか、2、3歳の差なら「同じ」と考えるのか、何歳上だったら「上扱い」するのかの感覚は個人によってかなり違うようです。また、「年下の先輩」や「年上の部下」との関係も難しいといえます。組織の中では年齢より職位が優先されるかもしれませんが、そうした位置づけが難しいと考える人も多いでしょう。

（3）自分との距離

　「上扱い」するかどうかは、現在の社会では相手と自分との心理的な距離とも関係があります。相手との距離が縮まるにつれて「知人」から友達の扱いに変わり、言葉遣いが変わるという経験は皆さんももっているのではないでしょうか。

　社会生活の中では、例えば会社員が（顧客である）ほかの会社の人と話す場合、年齢に関係なく相手を「上扱い」にすることが多いようです。それは、相手を個人として見るのではなく、その会社の社員、その会社を背負っている存在として認識することになるためだと考え

られます。つまり、相手を個人としてというより、その果たしている役割をもつ人として見るため、自分との距離が遠いということになり、その人を「上扱い」することになるといえそうです。

（4）親しさ

　距離とも関係しますが、その人と親しいかどうかも重要な要素です。同じ年齢のクラスメートであっても、親しい友人と、あまり話をしない人とでは話し方が違ってくるのではないでしょうか。初対面ではよそよそしくても、だんだん親しくなっていくうちに言葉遣いが変わってくるということはよくあります。親しくなるにつれて、その人の表している「役割」やお互いの「立場」が消えて、個人の関係になり、親しさを表す言葉遣いとなるのでしょう。ただ、親しさをどのようにとらえ、どう表現するのかは実際には難しい問題です。

（5）相手の属性

　その人の客観的な属性も関係があります。例えば初めて会う人であっても、その人が社会的地位の高いと考えられる人、例えばある会社の社長だとか、学校の校長であるといった立場の人、外見が立派そうに見える人だったら「上扱い」にするのではないでしょうか。また、相手が子どもではない、社会的に自立している「大人」であると考えると、その人と特に関係がなくても、年齢が下に見えても大人扱いにして、「同じ」あるいは「上」に扱うということがあるのではないでしょうか。このような判断は個人によって、考え方によって違ってきます。何をどう判断するかということがその個人の見ている世界であるといえそうです。

（6）相手の状況

　相手をどうとらえるか、ということでいえば、もう一つ別の観点があります。ここまでで扱ったことは、いわば固定的なとらえ方や関係で、だんだん親しくなることなどを除けば時間がたってもあまり変化しないものですが、それとは別に、現在の状況をどうとらえるかという観点もあります。例えば、今は忙しそうだから話しかけないようにしよう、とか、親しい人を亡くしたばかりだから、などとその人の現在の状況に合わせて言葉をかけたりかけなかったり、あるいはかける言葉を工夫したりすることも多いと思います。そのほかに、この問題についてはこの人は詳しいから簡単にしか説明しないけど、別の人は初めて聞くことだから詳しく丁寧に説明しよう、などの判断もあると思います。ある一人の人に対しても、この件はよく知っているから簡単に、でも別の件については知らないだろうから詳しく、などということもあるでしょう。相手の現在の状況を見て、それに合わせた話し方をすること、これも相手をどのようにとらえるか、そしてそれをどう表すかの一つの例であるといえます。相手をよく見てその状況に合わせる、という意味での「配慮」だといえるでしょう。

（7）相手の行動

　相手の行動も、自分自身に関係しているものであったら、それは言葉遣いに表れます。誰かが作った食事を食べるとき、それがレストランだったら、対価を支払っており、店の人に対して特に「ごちそうさま」とか「ありがとう」などとは言わないこともあります。しかし、もし、友達が自分のために作ってくれたのなら、「ありがとう」とか、「おいしかった」などと言うでしょう。そして、そのことを表すとき

は「（あなたが）食事を作ってありがとう」ではなく、「食事を作って
くれてありがとう」と言うはずです。この「〜てくれる」などを使っ
て自分に向かう行動を「恩恵」としてとらえることは、相手の行動を
自分に関わるものとして認定し、言葉遣いに表しているのだといえま
す。

2．第三者のとらえ方

　そのほかに、今、直接話をしている相手だけでなく、第三者の存在も考えられます。

　第三者とは、その場にいて話を聞いているけれど話には直接参加していない人や、その場にいないけれど話の中に出てくる人などです。前者の「その場にいるけれど話には参加していない人」のことを「脇の相手」といいますが、その「脇の相手」を意識して、話をしている人どうしの関係が変わることがあります。例えば、生徒がいるところで二人の同僚の教師が話しているというような状況で、二人だけで話すときには同等の関係であるのが、生徒という「脇の相手」がいると、お互いに、話す相手を「先生」として上扱いすることがあります。このように、直接話していない第三者の存在が話をしている二人の会話に影響を与えることがあります。

　「話の中に出てくる人」については、自分や相手との関わりからいくつかに分けて考えることができます。まず、大きく分けて、自分も話している相手も名前は知っているが自分とも相手とも全く関係がない場合と、自分か相手のいずれかと関係がある場合があります。前者は政治家や芸能人といった有名人や歴史上の人物といったような第三者です。後者の場合、相手の関係者か、自分の関係者か、それとも相手と自分どちらから見ても同じ位置にいる人か可能性は３つあります。これに、最初に挙げたどちらとも関係ない、という場合を加えると全部で４つになります。話に出てくる第三者をどう扱うかについても、相手との関係が重要だということがわかります。

3．場のとらえ方

　複数の人が何かの目的で集まっているとき、それらの人々はそれぞれの「役割」をもって存在しています。この存在している抽象的な場所のことをここでは「場」と呼びたいと思います。例えば、学校だったら、教室で授業が行われているときは、「授業」という「場」になります。そこでは教師と生徒が教える人と教わる人という役割で存在していますが、同じ教室でも休み時間になると場が変化し、授業という場ではなくなります。休み時間には一般的には教師はおらず、生徒どうしも「生徒」という役割から離れて「友達」として話したりしています。また、学校の中には入学式とか卒業式、修了式のような場がありますが、これらの場ではそこに集まる人々がそれぞれの役割でその場に存在しています。校長などの長となる人、運営・参加している教員・職員、主体となる生徒などです。場合によってはその場に地域の人などの来賓もいるでしょう。このように場とは具体的な場所を示すものではなく、抽象的な、いわば、そこに集まる人々の頭の中に存在する「場」なのです。

　これらの「場」は、「あらたまっている」かどうかという観点で指標化することができます。卒業式などの式典の場は「あらたまっている」、通常の日常生活の場は「あらたまっていない」ということができます。反対に、飲み会などの場は「くだけている」といえるかもしれません。会議の場などは卒業式ほどあらたまっていないけれど、通常の場より若干あらたまっているといえるのではないでしょうか。もちろん会議でも、日常的な課内の打ち合わせか、「役員会議」とか「教授会」さらには「株主総会」などの正式な会議など、どんな会議かによって「あらたまり」の程度、つまり「あらたまり度」が違ってきます。

「場」は場所のようでもありますが、やはりある形態での人の集まりであり、人の意識の中にあるものだと規定できます。そしてそれはその場に集まる人々がどんな「役割」をもっているのかと関係がありますし、その役割はその「場」での一時的なものであるといえます。日本語母語話者は常に、自分がいる「場」を意識し、自分はどのような役割でその場に参加しているのか、そこで自分は何をすべきか、何をすべきでないかを意識しているのではないでしょうか。その「場」の中でそれぞれの構成員が果たすべき「役割」についても大まかな合意があるといえます。これも地域、グループ、個人によって異なります。一時よく言われた「空気を読む」ということも関係あるかもしれません。

　また、日本では服装も関係してきます。ある特定の「場」ではふさわしい服装が決まっていることも多いのです。結婚式、葬式、入学式といった式典ではドレスコードとでもいうべきものがあり、それから外れると恥ずかしい思いをすることがあります。普段は自分らしい服装をすることで自分を表現することができますが、仕事の場など役割が決まったところではそれにふさわしい服装をすることが期待されています。就活の場のいわゆるリクルートスーツはその一つのある意味極端な表れですし、仕事着としての制服もそれに近いもので、その場での役割を示しているものだといえます。そして、それを要求するのが、ある特定の「場」であるといえるのです。

4．自分自身の表し方

　世界をとらえる際にもう一つ重要な要素があります。自分自身です。自分をどのような人として相手、あるいは世の中に見せたいか、これも「待遇コミュニケーション」の一つの重要な要素です。この点については改めて考えます。

Ⅲ 待遇コミュニケーションの世界の「約束事」と「装置」

　次に、待遇コミュニケーションの世界観の中で、日本語母語話者はどのようにして言語行動を行っているのかについて考えてみます。日本語母語話者は何かを表現したいと思ったとき、その内容を日本語という言葉で表します。一般に言語は、ある考えはこのように表現する、という言葉のリスト（語彙）とそれを形にするルール（文法）を基に組み立てられますが、待遇コミュニケーションの観点からは、ある表現を行うまでに考慮すべきたくさんの事柄があり、それらを選んでいくことで実際の言語表現ができあがるといえます。考慮すべき事柄には、どのように言語（あるいは非言語）で表現するかということのほかに、そもそも表現するかどうかを決めることなどがあります。これらは、日本語そのものや日本語を使う社会の中である程度決まっているのですが、そこにはどのような決まり事があり、それをどのように表しているかについて考えてみます。

1. 「約束事」と「装置」

　日本語母語話者は自分が言いたいことを伝えるとき、常に、相手やそのほかの人について考え、判断したことを誰にでも見える形で言語表現にしています。例えば、「年配の人に対しては丁寧に対応する」という考え方から、年配の人に対して丁寧な言葉遣いをするといったようなことです。そのときの「考え方」は自分自身が見た世界、自分自身の「判断」であるとはいうものの、日本語が話されている社会で

は、何をどう判断するかの「約束事」として存在します。日本語の社会では「こうすることになっている」とか、「こう考えることが普通だ、こう考える人が多い」などといったことです。例えば、「年長の人、あるいは『目上』の人には配慮して、それなりの扱いをする」「初めて会った人には基本的には『タメ口』で話さない」などです。しかし、これはもちろん明文化されているようなものではなく、人々の頭の中にのみ存在するものです。そして、日本語母語話者であればおそらく90％以上の人が賛同するような「約束事」もあれば、ある集団ごとに、あるいは地域、社会ごとに異なっているものもあります。さらには、個人による違いも、実際には大きいものだといえます。

　日本語を教えるときには「規範」としての、いわば「理想的」な、ある意味、型にはまった日本語が想定されています。「いろいろな言い方があります。実際には人によって違います」といった説明ばかりでは教育は成り立たないからです。規範性についていうと、文法などはかなり規範性が高いといえ、「本が持っています」は間違いで、「本を持っています」が正しいとする日本語母語話者がほとんどですが、文法項目の中には、実際には方言によって使い方が違うことなどもあり、ある文法項目の適切性の支持率は項目によって70％から95％くらいになるのではないでしょうか。一方で、「敬語」「待遇コミュニケーション」に関する規範性に関しては、ある約束事が「規範」であると考える人の割合はずっと低くなると考えられます。本書では大雑把に見て、50％ぐらいの人が支持するところを拾い上げたいと思っています。ここでは一つの見方を示しますので、ご自分の言語行動を振り返って考えてみてください。ここで挙げられている「約束事」は自分の理解しているものとは少し違う、あるいは理解はできるが適切で

はないと考えるから、自分自身は実行しないなどと考える人もいるでしょう。実際の運用の中ではいろいろなケースが出てきますが、本書では一つの考え方として示してみたいと思います。

　次に、日本語には、その「考え方や約束事」を目に見える形で表すためのいろいろな「装置」というべきものが備わっていると考えます。例えば、「敬語」は日本語に備わった一つの「装置」だということができます。日本語母語話者はその装置を駆使して、自分自身の考え、自分の見ているこの世界の状況を表現しているといえます。つまり、「敬語」という「装置」を使って、年配の人には丁寧にしなければいけない、という「考え方や約束事」を実現している、と考えるわけです。

　本来は日本語に備わっている方法、「装置」といってよいようなものと、それに関する「約束事」は別のものですが、ここでは関連させて説明していきたいと思います。ある意味、このような考え方や約束事があり、それをこのような方法によって表す、と考えたほうがわかりやすいかもしれません。このような約束事を「マナー」ととらえる人もいます。

　また、約束事は、通常、相手と良好な関係を作っていきたい、穏やかな社会生活を送っていきたいということのためにあると考えられます。つまり、方向性としてはプラスの方向です。人との関係を壊そうと思ったら、マイナスの方向性をもつものを考える必要はなく、プラスの方向性を放棄すればいいということができます。実際、約束事は、ほとんどはどのようにすることがプラスであるかという方向で存在すると考えられます。ですから、以下の記述は多くの場合、どのようにすることがプラスの、よい扱いを示すことになるのか、という方向性を示します。

以下では、日本語母語話者がどのように世界をとらえ考えているかという「約束事」と、それを実際に言語などの方法を使って表すための日本語の世界に備わっている「装置」について、考えていきたいと思います。

2．人、特に相手に関すること

（1）相手を適切に位置づける

【約束事】

❶ 自分より年齢、地位、経験が上の人、心理的な距離が遠い存在は「上」と認定する。「上」の人は高く扱う。

　まずは相手の位置づけです。相手が自分より「上」か「下」か、同じ程度なのか、という自分との相対的な位置関係の認定があります。そして、「上」の存在は「高く扱う」という約束事に基づき、誰を「高く」扱うべき「上」の存在だと認識するのか判断します。簡単にいうと、自分より位置が「上」、自分から「遠い」と考えられる相手が「上」であり、「高く」扱う対象となります。

　自分より上の相手というのは、年齢が上（何歳くらい以上をそのように認定するかの基準は個人によって異なります）、会社などの組織での上下関係（職階の差ともいえます）、ある組織での経験時間の差（先輩後輩関係）、そのほか、社会的地位が高いと思われる人なども含まれます。

　「上扱い」する人は自分との上下関係だけではありません。「役割」が重視されるあらたまった「場」では、相手との心理的距離も関係します。会社員の場合、自分より若い他社の社員を「上扱い」にすることがあるのは、個人よりも、それぞれの会社の社員であるという立場

が優先された場であるため、距離が遠いと考えるからです。また、よく知っている人に比べると知らない人に対しては丁寧にする、ということもあると思います。このように、関係が「遠い」ということも「上扱い」する一つの要素であるといえます。

一方、自分より「上」だけれども「高く扱わない」という存在もあります。家族親族関係です。祖父母世代、両親の世代などの「上」の世代の人は「目上」と考えられることが多いと思いますが、家族内では両親は「目上」「上」の存在、立場であっても、現在は、通常は「いらっしゃいますか」などと高く上げた扱いはしません。（ただ、7、80年ぐらい前の映画などを見ると、その頃には、そのような扱いをしていたことがわかります。）おじおば、祖父母といった親族内の「目上」をどう扱うかは個人や場合によって異なってきますが、親しい関係では「上扱い」しないことが現代では一般的だといえます。あまり親しくなければ「上扱い」することが多いけれど、親しければその親しさが優先される、ということが多いのではないでしょうか。この場合は「上扱い」よりも「親しい」という観点が優先されているということでしょう。

❷「同じ」「下」の人は高く扱わない。親しいものとして扱うこともある。

「同じ」というのは、年齢が同じであるとか組織での職階等が同じ同期であるなどの関係で、「友達」も基本的には「同じ」位置にあるといえます。（年齢がかなり上の友達をどう扱うかは、個人によって考え方が違ってくるでしょう。）

そして、「下」は先ほどの上下関係がある場合の「上」の裏返し、「下」の位置にある人になります。相手から見て自分の方が「高い」位置にある、ともいえます。相手が自分より年齢が下、世代が下、組

織での上下関係で下、後輩であるなどの場合です。この場合、特に上下関係を意識して相手を「下扱い」にする場合もありますし、「同じ」高さの扱いをする人もいます。

　「下扱い」にするとは、相手に対し、自分を「上」と認定し、自分のことを「高く」扱うことを要求する、つまり、自分はいわゆる「タメ口」で話すけれど、相手が同じように話すことは許さない、というようなことです。誰を、どの程度まで「下扱い」にするかを含め、個人によって考え方の異なるところです。「下扱い」せず、同じ扱いにするというのは、同じ高さとして扱う、つまり、お互いに「です」「ます」（0レベル）^(注)で話すようにする、あるいは、「です」「ます」抜きのいわゆる「タメ口」（マイナス1レベル）で親しい関係として扱うことをいいます。

❸ 自分を上げない

　上下関係を考え、誰を上げて扱うかを考えるときの基本的な考え方は「自分を上げない」ということです。自分の国や名前を「お国」「お名前」とは言いません。また、「ジョンさんですか」と聞かれて「はい、ジョンさんです」とは答えません。これはあまりに当然で、わざわざ言わなくてもいいようなことだと思われるかもしれませんが、これは世界共通ではありません。ある国でレストランに行って、「いらっしゃいませ、何名様ですか」と聞かれたとき、その国の言葉で「〜名様です」と答えている人が多いことに気がつきました。その国の人に聞くと、聞かれたように答えている、特に意識していない、と言うのですが、私自身はどうしても「〜名様です」とは言えず、

（注）「0レベル」「マイナス1レベル」については p.72 を参照。

「～人です」と言いたくなります。自分自身の中に日本語の論理が染みついていることを感じるのです。このように、自分側は決して上げない、高く表現しない、自分側のことに尊敬語（直接尊重語 p.53）は使わない、自分のパーティーや贈り物を「素晴らしい」とは言えないという意識は、日本語母語話者ならほとんどの人がもっている感覚ではないかと思います。

❹ その他、第三者に関すること

　ここまでは、話している相手に関してどのような約束事があるのかを考えてきましたが、ここで、話の中に出てくるその場にいない第三者の扱いについても考えてみましょう。話の中に出てくる第三者の扱いについては、その第三者だけに対しての認識だけでなく、今話している相手との関係によって決まります。前章（Ⅱ 2. 第三者のとらえ方 p.16）で示したように、その第三者は、相手の関係者（相手側）、自分の関係者（自分側）、自分と相手どちらから見ても同じ関係、つまり自分と相手の共通の関係者（上か同じか下か）、自分と相手ともどちらとも関係がない、の4つに分類されます。

　第三者が相手の関係者（相手側）であれば、相手と同じように扱うか、相手から見た上下関係で高く扱うこともあります。例えば、友人と話しているときに第三者である友人の親について話す場合、友人の親を友人（相手）と同じように扱えば「お母さんは何て言ってるの？」となりますし、高く扱えば「お母様は何ておっしゃっているの？」などとなります。また、友人の親に友人のことを話すとき「○○さんは、どうしていらっしゃいますか」などと友人を「上扱い」することがあります。友人の親は自分から見ると「上扱い」する人であり、友人はその親の側の人ですので、親と同じように高く扱っているわけです。

第三者が自分の関係者（自分側）であれば、自分から見て上の位置にいる人でも、自分と同じように扱います。「父がこうおっしゃいました」「社長はすぐこちらにいらっしゃいます」などのように上げては扱いません。自分の親だったら、自分側として、自分と同じように扱うのが普通です。会社などの組織でいえば、自分の会社の社長は社内で話す場合には高く扱う存在ですが、社外の人と話す場合には同じ会社の人ということで、自分と同じ扱いになり、高くは扱いません。よく言われる「ウチ」「ソト」の関係です。「ウチ」扱いになると高い扱いにはしません。「ウチ」「ソト」は、自分と相手、第三者との関係で決まります。

　自分からも相手からも同じ位置にいる第三者は特に問題なく、自分が通常扱うように扱えばよいことになります。例えば、自分と相手の共通の先生や先輩だったら、自分が普通に言うように「高く」扱うことになります（ただし、これは現在では少なくなっているかもしれません）。どちらにも関係ない人は特に上げて扱う必要はありません。テレビで見るような政治家、芸能人、歴史上の人物などは、特に親しみを感じている人など以外には「さん」などの敬称をつけることも少ないですし、特別に尊敬していたり、あこがれていたりする人以外は「いらっしゃる」などと上げて扱うことはありません。配慮の対象は、直接知っている人だけであって、面識のない人は特別な待遇をする必要がないと考えます。

　第三者をどう位置づけるか判断が難しい場合もあります。例えば、学生と教師が話しているときに、学生が話の中の第三者である自分の先輩を高く扱ったとすると、教師としては学生である先輩と同列に置かれたと、不快に感じるかもしれません。学生が「○○先輩がこうおっしゃっていました」などと言うような場合です。同様に、社員が

課長のことを部長に話すとき、課長の扱いは慎重でなければなりません。高く扱うと、部長は課長と同列に扱われたとして不快に感じるかもしれませんし、高く扱わないと上司である課長を適切に扱っていないと感じるかもしれません。これは、話し手、相手、話の中の第三者の関係性もありますし、それぞれとの親しさによっても変わります。また、それぞれの人の個性もあり、会社の雰囲気もあり、いろいろなことが影響してくるといえます。

　話の中に出てくる第三者がいる場合、誰を近くに位置づけ、誰を遠くに位置づけるのかを決めなければなりません。第三者を自分側の「ウチ」にするか、相手側の「ソト」にするか、あるいは自分と相手を一緒に「ウチ」と考えて、第三者を「ソト」と扱うか、判断が難しいときがあります。第三者の位置づけ、扱いは常に相対的で、しかも流動的ですので、常にその場で判断をしていかなければならないといえます。

【装置】

　相手を適切に位置づける「装置」には以下のものがあります。

❶ 敬語（尊敬語（直接尊重語）、謙譲語（間接尊重語））

　ある人をどうやって「高く扱う」か、どうやって高く扱っていることを示すか。これこそが「敬語」の役割だといえます。敬語の中でも特に、「いらっしゃる」「お話しになる」などのいわゆる尊敬語（直接尊重語）がこの働きを担っています。相手に「行きますか」ではなく、「いらっしゃいますか」を使うということは、その相手を「高く」扱っていることを表します。「お美しい」などの形容詞につく「お」や相手に関することに使う「お仕事」「お荷物」「ご理解」などの尊敬語（直接尊重語）としての「お」「ご」なども同じです。p.4のエピソード①の相手の「お国」は相手の国そのものを敬っているのではな

28

く、相手の属する国を高く扱うことで、相手自身を高めているのです。

　実は、「申し上げる」「ご説明する」などの謙譲語（間接尊重語）も同じ役割を担っています。謙譲語は自分の動作について使いますが、自分から相手（や第三者）への働きかけのある場合に、動作に関わる相手を「高く」扱う働きをもった敬語なのです。「申し上げる」「ご説明する」というのは自分が相手に「言う」「説明する」、そして、その動作の及ぶ相手を高く扱っていることを表します。名詞の場合も同じです。自分が相手に対して行う「ご説明」や「お手紙」は、動作の相手となる人を高める働きをしています。そうすることで、自分が相手を高く扱っていることを示しているのです。

❷ きれいに、大きく、立派に表す／小さく表す

　このほか、敬語に限らず相手のことを大きく、きれいに、立派に表すことは相手を高めていることになります。p.4 のエピソード③の自分の開いたパーティーは「ささやかな会」、相手が自分のために開いてくれたパーティーは「素晴らしい・盛大なパーティー」と表すのも同じ考え方です。相手や相手に関するものは高く、大きく、美しく表現することそのものが相手を高めることになるという考え方です。同時に、自分自身のものは小さく表すことが、相対的に相手を高めることにつながると考えます。お土産などを渡すときに「つまらないものですが」と言うのは「立派なあなたから見ると、私の差し上げるプレゼントはつまらないものだと思われますが」という意味があり、結果として相手を高める働きとなっているのです。たくさんごちそうがあるのに「何もありませんが」と言うのも同じです。立派なあなたにふさわしいもの、特別なもの、いいものは「何もない」、という考え方です。「敬語」やそのほかの方法を使って、ある人を「上げて」「高く」扱うこと、そして、自分（側）を低く、小さく、つまらないもの

として扱うことは日本語の「待遇コミュニケーション」の重要な要素であり、配慮であるといえます。これはそのように扱っていることを示す、というだけで、必ずしもそう思っているわけではなくて、そう表すことが配慮だと考えられている、ということです。

❸ その他の配慮

　実際にはそのほかにも「上扱い」している人に対する配慮の表し方が存在します。何かをするときの順序（最初にする、あるいは最後にする）、物理的な位置（席順など）で表されます。何人かの人が挨拶する場合、どのような順序にするのか、また、壇上に並ぶ人の席や宴会での席、車に乗ったときの席などで、どのような席順にするのか悩む人もいると思います。これも直接的に人の位置を決めて「上」の扱いをしていることを表しているものです。

（2）行動を評価する

【装置】

　ここでは、日本語に備わっている「装置」から説明したいと思います。日本語にはある行動を他者との関わりで認識、評価する考え方が存在します。他者から自分へ向かう行動を「恩恵」ととらえ、それを言語化して示すことで他者の行動を評価します。実はこの考え方はどの言語にもあるわけではありません。感謝を示す「ありがとう」などの言葉はどの言語にもありますが、日本語ではそれ以外に感謝していることを暗示することができるのです。

　この「恩恵」を表す言語形式は「～てあげる」「～てもらう」「～てくれる」といった、いわゆる「やりもらい」の動詞（授受動詞）で、特に「あげる」「もらう」「くれる」という本動詞ではなく、補助動詞として使うときのものです。上の存在かどうかにはかかわらず、あら

ゆる人を対象に、その行動を恩恵的に評価して表現するものです。

　自分自身に向かい、恩恵としてとらえられる他者の行動は「～てくれる」「～てもらう」で表します。「～てくれる」は「友達が（私を）手伝ってくれた」と行動した人が主語になります。一方、「～てもらう」は「（私は）友達に手伝ってもらった」と自分を主語にして、自分が受けた恩恵を自分の立場から表現しています。反対に、自分から他者に向かって恩恵を与える行為は「～てあげる」で表し「（私は）友達を手伝ってあげた」となります。

　一方で、これらの「やりもらい」の補助動詞がない「友達が富士山に（私を）連れて行った」という文では、自分はそれがうれしくなかった、不快だった、ということを表してしまうことになります。つまり、「～てくれる」「～てもらう」という恩恵の補助動詞を使わない言い方は有標であるといえます。

　日本語を教えている人なら「～てあげる」「～てもらう」「～てくれる」は習得が難しいことをよく知っていると思います。「～てあげる」「～てくれる」がなくても意味は同じなので、わざわざ付け加えるのが難しいのです。「友達を手伝った」「友達が（私を）手伝った」など「やりもらい」がなくてもその事実は表されます。「友達を手伝ってあげた」「友達が手伝ってくれた」との違いはその行為を恩恵としてとらえるかどうかなのです。さらにいうと、これらの表現は「私」を言わずにその関係性、方向性を表す言い方になっています。日本語が主語を明示することの少ない理由の一つは、この授受表現によって、誰が誰に、の部分が示されるからだといえます。「～てあげる」は自分の動作なので意識しやすく習得が比較的楽ですが、「～てくれる」は他者の行動を自分への恩恵としてとらえることが前提となるため、習得が難しいといえます。そして「～てもらう」は、格関係が変わり、

「私」が主語になります（隠れている場合が多いですが）。「〜てもら
う」は他者の行為を自分の立場から表すことになる、つまり他者の行
為を自分のこととして受け止めていることを表すため難しいのだとい
えます。

【約束事】

　上で述べたように、他者から自分に向かう行動が自分にとって評価
できる行動であれば、「恩恵」として示すことが無標で、示さないこ
とが有標になります。他者から自分への行動を「恩恵」ととらえず、
それを表さなかった場合は、その行動が意に沿わないものであること
を示してしまうのです。自分が受けた恩恵はそれをやりもらいの補助
動詞を使って表す必要があります。相手の行動に対し、「ありがとう」
と感謝の意を示すことも、相手からの恩恵を明示化するために必要な
ことです。

　反対に、自分から他者への恩恵としてとらえられるような行動は示
さないほうがよいとされています。自分が他者に恩恵を与える存在で
あることを誇示しているように取られてしまうからです。「（私が）手
伝ってあげた」と言った場合、恩恵の受益者が第三者ならともかく、
「あなた」の場合には、自分が相手に恩恵を与えたことを明言するこ
とになります。「恩着せがましい」という言い方があるように、自分
が与えた恩恵を明示することは好まれません。恩恵を与えた相手がそ
の場にいない第三者の場合は、「友達を手伝ってあげたんだけどね」
などと言うこともあります。相手に対し「手伝ってあげようか」と言
うこともありますが、この場合も「手伝ってあげようか」より「手伝
おうか」のほうが好まれるかもしれません。

（3）相手を尊重する

【約束事】

　本当はこれが一番大切なことかもしれません。すべてに共通することともいえるのですが、「相手を尊重する」ということです。相手の存在を認め、相手を尊重しようとする、あるいは理解しようとする、その姿勢を見せることが最大の配慮になるのではないでしょうか。

　それではどのようにすることが相手の存在を認め、相手を尊重しようとする姿勢を見せることになるのでしょうか。

【装置】

❶ 相手の存在を認める

　相手の存在を認めること、それは声をかけることです。相手の存在を無視せずに声をかける、このために「挨拶」は存在します。日本語には挨拶言葉が多いと感じていますが、いろいろな場面で決まった挨拶の言葉をかけることは相手を認めた印となります。「あの人は挨拶もしない」「挨拶しても無視する」というのはかなり低い評価ですし、反対に、何かの罪で捕まった人のことを「会えば挨拶するし、そんな悪い人だと思わなかった」などと評する近所の人のインタビューなどをテレビで見ることがありますが、「挨拶する」人は「悪い人ではない」という一つのイメージは存在すると思います。

　さらに、相手の話を聞いているときに無意識にうなずくことが多いと思いますが、これは、「相手の話を聞いていますよ」という合図です。日本語ではうなずいてもらえないと相手が聞いているかどうか不安になります。日本語のうなずきが煩わしいと思う非母語話者は多いですし、うなずいているから自分の話に賛同していると思ったと誤解する人もいますが、日本語では聞いていることを示す手段であって、

必ずしも相手に賛同しているわけではありません。うなずきも相手を認めていることを示す一つの方法です。また、相手が髪を切ってきた、あるいはいつもと違う服装をしているときにそれに言及するのは、相手の状況を見ている、という意味で相手を認めたことになります。（ただし、これは前提となる二人の関係によって不適切な場合もあります。）相手の存在を認めることを一歩進めると「ほめる」ことにつながります。身につけているものや行為、能力をほめることもあります。これは本当にそう考えている場合と「お世辞」といわれる本心ではない場合があります。ただ、ほめることも相手との関係により適切ではないこともあるので注意が必要です。

❷ 相手の状況に応じた対応をする

　相手が今どんな状況にあるのかを考え、理解し、それを示すことも相手を尊重することになります。

　相手が忙しそうだったら「お忙しいところすみません」と前置きをしたり、「今、いい？」と聞いたりすることや、相手の知識に応じて説明を変えたりすることも相手を尊重することになります。具合が悪そうなときにそのことを言っていたわることと、逆に、あえて言わないでおくことのどちらが相手にふさわしいかと考えるなど、つまり、相手をよく見て、相手の状況を認めてそれにふさわしい対応をすることが、相手を尊重することにつながるわけです。

❸ 否定的なことを直接的に言わない

　また、「日本人は断らない」「No と言えない日本人」というイメージがあり、実際、「いいえ」とか「だめです」などの直接的な否定の言葉を言うのはためらう気持ちがあります。直接的な否定の言葉はその人自身を否定しているように感じられるからでしょう。相手の意見に対して反論する場合も、直接的ではなく、「このようにも考えられ

るのではないでしょうか」などの質問の形にするとか、相手に教えを
請うような形をとるなど、間接的に、婉曲に言うことが好まれます。
これも相手を尊重することにつながります。

❹ 踏み込まない

相手にあまり近づかない、踏み込まないことも相手を尊重すること
になります。日本語の世界では、相手のことをあれこれ質問するのは
失礼だという印象があります。そのため、名前など個人的なことを聞
く場合、「失礼ですが」と言うことが多いのです。また、「〜したい
か」「〜できるか」と相手の意思、気持ちや能力を聞くことも踏み込
みすぎという印象を与えます。「コーヒー飲みたいですか」と聞くの
ではなく、「コーヒーいかがですか」と勧めるほうがよい、というの
はそのためです。つまり、相手に深く踏み込まないということは相手
を尊重することだといえます。

「忙しいから無理かもしれないけど、こんなことがあって」などと
相手が断りやすいような形で誘うことや、「おいしいから食べて」で
はなく、「これ、おいしいかどうかわからないけど、食べてみて」と
自分の意思を強く主張しすぎないことなど、「押しつけがましい」こ
とを避けるために相手の気持ちを尊重する言い方をするときもありま
す。

以上のように、自分を主張することより、相手の状況を見て、相手
が困らないように、相手を否定しないように、相手がより心地よくな
るように考えることは日本語の一つの配慮の仕方、相手を尊重する方
法であるといえます。

（4）相手に親しみを感じていることを示す

【約束事】

　相手に親しみを感じていることを示すことも配慮の一種です。これはどの文化でも大切なことであり、重要な配慮の示し方だといえます。それほどよく知らない人からでも、あるいはお店の人からでも、一言「寒いですね」などと言葉をかけられるだけで、親しみを感じ、好感がもてることもあります。場合によってはニコッと笑顔を見せるだけでも心が温かくなることなどもあると思います。

　日本語で、「丁寧」と「親しみ」は相反する概念ではなく、「丁寧で親しみもある」もあれば、「丁寧ではないが親しみはある」あるいは「丁寧だが親しみはない」「丁寧でなく親しみもない」と４通り考えられます。しかし、「丁寧」にすると「親しみ」はない、つまり距離を置かれたと感じる文化もあります。卒業後に会った先生に「あなたもいらっしゃいますか」と聞かれて、自分は先生に嫌われた、何か悪いことをしたんだろうかと考えたという留学生がいます（エピソード⑤）。敬語を使うということは距離を置くことで、親しみをもっていないと解釈したためでしょう。これは先生がその学生を学生扱いではなく、卒業したので一人前の大人として扱ったわけで、むしろ尊重し、配慮していることを表しているといえます。このように日本語の世界では「丁寧」と「親しみ」は両立する別の概念だといえます。

　逆に、別の概念だからこそ、誰に対しても親しみを感じていることを示すことが配慮になるわけではないともいえます。海外で日本語を教えている日本語母語話者が、「先生と友達になりたい」と言った学生に「学生と先生は友達ではない」と怒っていました（エピソード⑥）が、日本語の社会では教師は友達ではない、と考える人が多いと

思います。たまたま同年代で、卒業した後、あるいはその関係がなくなった後友達になる、ということはあると思いますが、教師と学生という役割の中では完全に同等の友人となるのは難しいこともあるでしょう。もちろん、教師に対して「親しみ」を感じて、それを示すことはよくあることで、問題ではありませんが、一般的に「上」の立場にある人に対してどのように親しみを感じていることを示すかについてはいくつかの方法があるといえます。ただ、友達のように扱うことは「なれなれしい」「失礼だ」と嫌われることもあるでしょう。（これも最近では変わってきているのかもしれません。）

　「親しみ」と「丁寧さ」を同時に表現できるかは難しい問題です。ほとんどの人がお互いを知っている小さな集団、集落などでは、全員が身内扱いで、ほぼ「です」「ます」抜きの「タメ口」（マイナス1レベル）で話している、というようなこともあると思います。そのような社会では敬語を使うことは隔てを感じさせ、配慮のない言動になるかもしれません。つまり、個人による考え方の違いもありますが、それぞれの社会、集団による違いも大きいといえます。自分が属する集団のあり方を観察して、その中の「常識」に従うことも必要だといえます。

【装置】

　それではどのようにして親しみを感じていることを示すのでしょうか。「親しい」ということは役割の上ではなく、個人として付き合うこと、その人の内面、個人的なことも共有する関係であるということです。そのため、個人的な情報を共有することがその一つになります。また、社会的な立場でなく個人の関係では、それぞれの感情も共有することになります。うれしい、悲しい、などの感情を示すことは親しい関係でなければできないことです。同様に、何か別の目的を

もってほめる、いわゆる「お世辞」でない、本当の心からの気持ちを
もって相手の何かをほめることは個人的な関係になっていなければで
きません。よく言われる、学生が教師の、つまり下の立場から上の立
場の人の服装などをほめるのに違和感をもつ人が多いのは、ほめると
いうことが個人的な関係の中で行われることで、何らかの目的をもっ
て行われる「お世辞」とは異なり、二人の関係が個人的なものだとい
うことを暗に示しているからだと思われます。もちろん、そのような
意図はなく、個人の素直な感情を示してくれたのはわかっていても、
「教師」としてではなく、個人的な付き合いの友達の関係だと思われ
たことに違和感を覚えるのではないでしょうか。だから、「役割」が
先行する社会的な関係の「上扱い」するような人に対してほめること
は憚られ、どうしても言いたいときには「失礼ですが」などと前置き
をしないと落ち着かないのでしょう。逆に、個人的な親しい関係に
なっているからこそ、「その髪型いいね」とか、「大変だったね」な
ど、心からの気持ちでほめたり、相手の感情に配慮したりすることが
できるのです。

　親しみを言語上で一番よく示すのは、いわゆる「タメ口」、つまり
「です」「ます」を使わない話し方（マイナス1レベル）をすることで
す。相手に好感をもち、親しくなりたい、友人になりたい、と思った
ときに、いろいろな手段で距離を縮めていく、ということは誰でも
やっていることだと思います。社会的な「役割」を担った場面では、
誰でも最初は相手を社会人として認めたことを表す、「ですます」体
（0レベル）で話しますが、親しくなるにつれて、「です」「ます」が
少しずつ落ちてきて、最後は「です」「ます」なし（マイナス1レベ
ル）で話すようになります。その途中の段階では、つけたりつけな
かったりして、相手の状況を見ながら微妙に調整していることが多い

と思います。

　ただし、それは「同じ」位置にある人と「下」の立場の人に対して
だけで、「上」の立場にいる人に対して「です」「ます」抜き（マイナ
ス１レベル）で話すのは、その人を「上扱い」していないことを示し
てしまうことになりますので、慎重にしなければなりません。「上」
の立場の人がそうしなくていいことを示すことで、「下」の立場の人
も「です」「ます」抜きで話すことができるようになるでしょう。こ
の感覚は個人差が大きいと思います。

　そのほかに、言葉遣いがくだけたものになってくることが多いと思
います。「～しちゃって」や「行かなきゃ」のような縮約形を使った
り、「～したりして」「～と思って」のように言葉を言いさして言い切
らない形にしたり、「ね」「よね」のような終助詞を多用したり、とい
うような形で、親しみを表しています。これは「です」「ます」を
使って話すときも同じです。「です」「ます」を使ってもこのように言
葉遣いをくだけたものにすることで、親しみを表すことができます。

３．場

　人々が言語生活を営んでいる場所、参加者の意識の中にある抽象的
な場所のことを「場」と呼びます。「場」は具体的な場所というより、
ある形態での人の集まりで、人の意識の中にあるものだと規定できま
す。日本語母語話者は、常に自分がいる「場」と自分の果たすべき役
割を意識しています。

【約束事】

　「場」を特徴付けるのは「あらたまり」の度合いであるといえます。
人が複数存在し、個人としての立場というよりもある特定の「役割」
を担って参加しているところでは、あらたまりの度合いが高く、その

ような「場」は、あらたまった「場」だということになります。逆に、個人が個人として存在し、そこでの特定の役割がないか、あってもその意識が希少なところは、あらたまっていない「場」であるといえます。人の位置づけについては、「高い」が有標、「高くない」が無標であり、「場」については、「あらたまった場」が有標で、「あらたまっていない場」が無標ということになります。あらたまった場では、丁重な言葉遣いが求められます。あらたまっていない「場」においては、言葉遣いは「高くない」、「あらたまっていない＝くだけた」言葉遣い、つまり、「です」「ます」抜きの話し方（マイナス１レベル）が一般的になるでしょう。具体的には家族間の会話の場や親しい友達どうしの場などが考えられます。

　あらたまりの度合いもグラデーションのように場によって異なります。「面接」という場を例にとると、就職活動や入試の面接はその度合いが最も高く、日常的な場での面談に近いものは低くなるでしょう。１対多の場面では、式典という場ではあらたまり度が高くなりますが、始業式などでは低くなります。また、大勢の聴衆を集めた講演会などは高く、日常の授業は低くなります。

　実際の言語行動が多く行われるのは、特に「あらたまっている」わけではないが、飲み会ほど「くだけた」場ではない「場」において、といえます。通常の社会生活、学校や職場などでの「場」です。そこでは、人は完全な個人としてではなく、学生であったり、教師であったり、会社員であったりという何らかの役割をもっていますが、その役割としての働きと同時に個人としての面も見えるという状況でしょう。言葉遣いは、「ですます」体を基調としたもの（０レベル）となるでしょう。

　「あらたまった場」と考えられるところでは、「あらたまった」服

装、「あらたまった」態度、「あらたまった」言葉遣いをすべきだ、と考えることが日本語の社会の約束事です。これはどこの国、文化でも同じだとは限りません。海外で、入学式や結婚式にも普段着で、セーターやTシャツなどで来るのを見たことがあります。葬式には黒の礼服で行く、というのも、世界共通のことではないようです。このようなことも、社会全体で決めている約束事だといえます。

【装置】

「あらたまった場」を演出するのは、「丁重語」[注]と、ある種のかたい語感のある語彙です。

「あらたまった場」にふさわしい文体は、まずは「ですます」体を基調とし、そして、「〜と申します」「〜といたします」「そのように存じております」などの、かたく、あらたまった語感をもっている「丁重語」が用いられたものです。この文体の中では「そういたしますと」など、文中にも「です」「ます」が多用されます。同時に「あした」ではなく「あす」や「みょうにち」、「本」ではなく「書籍」、「手紙」より「書簡」など、かたい語感のある語が使われ、和語よりも漢語が選ばれることが多くあります。自称詞も、「わたし」「わたしたち」よりも、「わたくし」や「わたくしども」などとなります。また、文を言いさしの形にせずきちんと言い切ることや、「ね」などの終助詞を使わないこと、縮約形を使わないこと、などによっても、あらたまった語感が出ます。これらの、かたい語感のある語をどの程度使うかによって、あらたまりの程度を調整することもできます。

(注) いわゆる「謙譲語」の一部。「敬語の指針」（2007年文化審議会答申）の「謙譲語Ⅱ（丁重語）」のこと。

あらたまった感じは言葉遣いだけでなく、服装、態度などにも表れます。就活時のリクルートスーツとか、卒業式のスーツ姿などでわかるように、服装も「あらたまり」を示す有効な手段の一つです。態度も同じです。日本語母語話者の学生にあらたまった態度をとるように言うと、学生は一斉に座り直して、背筋を伸ばし、「居住まいを正す」というのがふさわしい様子になります。そのようにきちんとした態度になることも「あらたまっている」ことを表しているのです。

４．自分らしさの表し方

【約束事】

　「待遇コミュニケーション」には、自分自身を表現するという面もあります。自分がどのような人であるのか、どのような自分として周りに見てもらいたいのか、自分の「個性」をどのように表すのかなどということに関わります。言葉遣いはその人らしさを表すものであるといえるでしょう。私たちは自分らしさを表すために、それにふさわしい言葉遣いを選んでいるということもできます。それには、どのような場面でも同じ言葉遣いを選ぶのか、場面や相手によって違う言葉遣いを選ぶのかということも含まれます。

　３で、場のあらたまり度によって言葉遣いが変わるという約束事について説明しましたが、そのような約束事に従うかどうか、あるいは従うにしてもその制約の中でいかに自分らしさを表すかということはその人の個性だともいえます。言葉遣いだけでなく、服装や態度はその人の「場」に対する考え方を表していると見なされます。入学式にＴシャツで行ったら、変わった人だと見られるでしょうが、それでもいい、という考えをもつことは可能だともいえます。

【装置】

　自分らしさを表す方法には、服装や態度もありますが、「言葉遣い」についていえば、それを端的に示すのは、男性の自称詞です。「ボク」と「オレ」、「わたし」と「わたくし」の使い分けによってその人のイメージが変わってきますので、それを利用して、自分らしさを演出しているといえます。自称詞をどう選び、どう使い分けているかは、それぞれが意識して、あるいは、それほど意識せずにある種の方略で行っていることであり、自分の言語生活を組み立てているものであるといえます。さらに、特殊な例かもしれませんが、「わし」「我が輩」など、それだけでどのような人物なのかがイメージされるようなものもあり、それを「役割語」ということもあります。それ以外にも、丁寧な言葉遣い、ぞんざいな言葉遣いなどによってその人らしさが表れます。これは、良い悪いの問題ではなく、その人自身がどのような自分を表そうとして言葉遣いを選んでいるのか、どんな「キャラ」を演じているのかということです。具体的には、「丁寧な」「乱暴な」「飾らない」「甘えた」「大人っぽい」「子どもっぽい」「率直な」「えらそうな」「自信にあふれた」「おとなしい」「控えめな」などで形容されるようなものですが、こう並べただけでも、どのような感じや印象の人物かが、また、その人がどんな言葉遣いなのかも浮かんでくるのではないでしょうか。それは服装や態度などともリンクしているといえるでしょう。ある授業でこのことを説明しているときに、日本語母語話者の女子学生が隣に座っている友人のことを「この人、『金ない』って言うんですよ」と言ったことがありました。「お金がない」ではなく「金ない」という表現を選ぶような「キャラ」である、ということが認識されているということになります。

5．その他の約束事

　以上述べてきたほかにも、日本語の社会には、人との付き合い方に関することなど、多くの約束事があるといえます。

（1）社会的役割

　相手と自分との関係において、お互いに何が期待されるのか、どこまで無理が利くのか、許されるのかなどが大体決まっています。この関係を「社会的な関係」と呼んでおきます。これは、2．（1）の相手を適切に位置づける際にも関係してきますが、上下関係では、上の立場の人が下の立場の人に指示をする、下の立場の人を評価する、下の立場の人の世話をするというような役割があり、下の立場の人は、上の立場の人から指示され、評価され、世話をしてもらう、というのが一般的な認識ではないかと思います。日本では、上の立場の人が下の立場の人にごちそうすることになっている、というのはその表れです。下の立場の人がごちそうしようとすると、失礼だと思う人もいるでしょう。例えば、上司は部下にごちそうしたり、世話をしたりし、部下はそれに感謝するために季節の贈り物である「お中元」や「お歳暮」などを贈る、というのが伝統的な考えではないかと思います。教師と学生であれば、教師が学生にごちそうするのが日本では一般的な考え方ですが、学生が教師にごちそうするのが一般的だという文化もあり、どちらが支払うかでレジの前で揉めるという場面を経験した人もいるかもしれません。

　「社会的関係」によって何が決まっているかを考えるとき、何を「依頼」することができるのかを考えるとわかりやすいと思います。例えば、学生と教師の関係であったら、学生は教師に授業に関する質問をしたり、関係のある参考書などを借りたりすることはできます

が、引っ越しの手伝いを頼んだり、お金を貸してくれるように頼んだりすることは、よほどの事情がない限りできません。友達であれば、引っ越しの手伝いや、少額のお金を貸してもらうことは可能でしょう。何なら借りることができるのか、どのようなことなら頼めるのかは、個人によっても、社会によっても異なります。同じ寮に住んでいる友人が出かけた際に、ケーキを買ってきてと頼んだら断られた、と驚いた留学生がいました（エピソード⑦）。図書館から借りた本を代わりに返す、という依頼はどうでしょうか。また、車に乗せてもらう、送ってもらう、などは車での移動が一般的な地方と、公共の交通機関を利用することが一般的なところとでは、依頼の意味、重さが違ってくるでしょう。近所で醤油などの調味料の貸し借りが普通だった時代もありますが、現在のようにあちこちにコンビニがある時代では、それはほとんどなくなっています。ただし、学生寮などでは、調味料に限らず、掃除機の貸し借りなどもよく行われているという報告もあります。何を頼めるか、何なら貸してもらえるか、ということは社会的関係で大体決まっていますが、その約束事は、人や状況によって、また地域によっても違いがあるようです。

　この、誰に何を頼めるか、何が期待できるかという指標については、それを「当然度」と呼んで、ある程度は可視化、一般化することができます。例えば、日本語教師に学生が頼めることとして、「漢字の読み方を聞く」、「宿題の作文の添削について疑問点を聞く」、「授業とは関係ないスピーチコンテストのために書いた作文の添削を頼む」、「お金を貸してもらう、あるいはアパートの保証人になってくれるよう頼む」、などを考えると、この順番に「当然度」が低くなることがわかると思います。当然度の高いことは気軽に頼むことができるけれど、当然度の低いことは頼むことが難しい、もし頼むとしたら、丁寧

に頼むだけではなく、様々な事情説明や方略を使ったりする必要がある、ということになります。

「社会的関係」はその人のもつ「権限」にも関わってきます。その人のもつ役割の中で、何らかの権限をもっていることがあります。例えば、誰もいない教室を使っていいかと聞く相手が、たまたまそこにいるほかの学生なのか、通りかかった学校の事務職員なのかでは尋ね方が異なってきます。事務職員という「役割」をもった人であれば、その教室を使ってよいかどうかを決める「権限」をもっているといえますが、もちろん学生はその「権限」をもっていません。誰がどんな「権限」をもっているかは、「社会的役割」で決まっていることが多いといえます。

（2）過程の共有

仕事に限らないのですが、何かを一緒にするときには、結果だけではなく、過程を共有することが重要であるというのも一つの約束事でしょう。日本式の仕事の仕方としてよく言われる「ホウレンソウ」、つまり「報告」「連絡」「相談」です。日本語非母語話者とのやりとりの中で、メールでの依頼などに返事がなく、イライラした経験はないでしょうか。返事がないことについていえば、いくつかの可能性があります。断りの返事は出したくないということで返事をしない、あるいは、返事をしないことでほかの条件の提案を待っている、または、引き受けるかどうかを決めてから返事を出そうと思っているということなどが私自身これまでに経験してきたことです。日本式としては、まずはメールを受け取ったという返事がほしいですし、すぐには返事ができなければいつまでに返事をするという通知をすること、そして引き受けることができない場合には丁重な断り、あるいは、条件を変

える提案などがほしいところでしょう。これは、日本語非母語話者との仕事の仕方に関するビジネス関係の教材にもよく取り上げられている例ですが、結果を出せばよいという考え方と、経過・過程を共有することが重要だという考え方の違いでもあるようです。

（3）平等がよい

　さらに、別の約束事も考えられます。現在の日本の社会は、社会的な階級や身分はほとんど消滅し、貧富の差や社会的な地位の差はあったとしても、基本的には人はすべて平等であるという考え方が根付いていると思います。現代の待遇コミュニケーションでは、どのような人でも基本的には平等であるということが前提になっているといえるでしょう。物や行為のやりとりは、どちらかが一方的に負担を負わないように、常に平等に、同じ立場でいられるように調整しているのではないかと思います。食事の際の「割り勘」が根付いていることも、何かもらったらすぐお返しをしなければならないと考えることも、その表れの例であるように感じます。依頼を引き受けてもらうなど、何かをしてもらったらそれを「借り」と考え、何かの際には「お返し」をしなければならないと考えるのも、よくあることでしょう。日常的な「貸し・借り」の関係の場合にも、お互いにその負担が一方的にならないように留意しているのではないでしょうか。

（4）スケジュールが大事

　このほかにも、現代の社会では、スケジュールを重視することが挙げられます。社会生活では多くの人がスケジュールに従って活動しており、何かの約束をするときには事前に十分な時間をとることが求められます。日本では直前の連絡や変更は失礼だと受け取られたり、

その人の人格まで疑われたりすることもあるといえます。

　以上のような約束事は、敬語や言葉遣いとは関係がないと思われるかもしれませんが、これらの約束事に従うか従わないかで、実際の言語行動も変わってきます。また、このような約束事は明文化されておらず、世界共通というわけでもないので、非母語話者にとっては、日本語の社会での生活を送る上で一つのハードルとなっているといえます。このようなことも意識化していくことが必要だと考えられます。

Ⅳ　敬語

　日本語の待遇コミュニケーションにおいて欠かすことのできない「敬語」について改めて考えてみましょう。「敬語」は形式や使い方が複雑で、理解が難しいところもあります。長い歴史をもち、その中で形や用法も変えてきました。よく知られている敬語の３分類は、現代社会での敬語の使い方をうまく説明しているとはいえません。どのように考えると現在の社会で使われている「敬語」を理解しやすくなるのでしょうか。

１．敬語的性質

　「敬語」というと、日本語母語話者にとっても難しく、うまく使えないなどと拒否反応を示す人もいますが、同時に、避けては通れない、大切なものだという点もわかっていることと思います。たしかに敬語には難しい面もありますが、その基本を押さえると、理解しやすく、使いやすくなるでしょう。

　敬語を考えるとき、言葉としての「敬語」がもつ語彙的な意味と、その「敬語」がもっている「敬語的性質」とを分けて考える必要があります。例えば、「おっしゃる」という敬語は、「言う」という語彙的な意味と、「言う」という動作をする人を「上げる」という性質、すなわち「敬語的性質」をもっているということです。ほかにも、「伺う」であれば、「聞く」「尋ねる」あるいは「訪ねる」という語彙的な意味に加えて、その動作を受ける人物、つまり「聞く」ための話をす

る人や、「尋ねる」「訪ねる」対象となる人物を「上げる」性質がある
ということです。「おっしゃる」は、いわゆる「尊敬語」、「伺う」は、
いわゆる「謙譲語」ですが、「敬語的性質」から見ると、「社長がおっ
しゃった」は「言う」という動作をした社長、「社長のお話を伺う」
は私が話を聞いた人物である社長、つまり、どちらも社長を「上げ
る」ために使われている敬語であるといえるわけです。

　尊敬語は相手側に、謙譲語は自分側に使う、などと理解されている
こともありますが、「敬語」は何らかの働きをもった言葉なのであっ
て、「相手側」の動作に使うとか、目上の人に対して使うものといっ
た性質をもっているのではありません。「上げる」べき対象となる人
物は誰なのかを考え、その相手を「上げる」ために敬語を使ってその
相手への配慮を表す、ということなのです。

　「お読みになる」「読まれる」などの「お〜になる」や「れる」など
は、それ自体に語彙的な意味はなく、敬語的性質だけをもった形式で
す。語彙的な意味は、その中に入る「読み」「読ま」というそれぞれ
の形になった「読む」という動詞が担っています。「おっしゃる」「伺
う」などの敬語は、この、語彙的な意味と敬語的な性質が一つになっ
た特別な敬語であるといえます。

2．敬語の分類

　この「敬語的性質」に従って整理したものが、いわゆる「敬語の分
類」ということになります。どのように働く「敬語」であるかという
観点で分類したもので、敬語をどのように使うかという運用面とは分
けて考えてほしいと思います。

　敬語の分類というと、「尊敬語」「謙譲語」「丁寧語」の３分類を学
校で習った、という人が多いと思います。しかしこの分類は、古典を

読むための文法への導入としては意味がありますが、現代語の敬語を考える上ではあまり適切な分類であるとはいえません。2007 年に文化審議会が答申した「敬語の指針」では、最近の研究成果も取り入れて、先の 3 つに「丁重語」（謙譲語 II）、「美化語」を加えた 5 分類を提唱しています。また、『敬語表現』^(注)では、「敬語的性質」を分析した結果、全部で 11 の分類にすると現代の敬語が理解しやすいと提案しています。3 分類から 5 分類になるだけでも大変なのに、11 分類なんてとんでもない、と思うかもしれませんが、分類が少ないほうがわかりやすいのなら、「丁寧語」と「それ以外」といった 2 分類もあります。この 2 分類は、敬語を考える上で本質的な意義をもつものです。しかし、分類数が少なければわかりやすいといえるでしょうか。分類の数自体には、あまり意味はありません。敬語的性質を適切にとらえることが重要なのであり、その結果として、11 に分類されたということです。

（注）蒲谷宏・川口義一・坂本恵（1998）大修館書店

3. 敬語の種類

　以上のように、敬語の分類を考えるとき、従来の３分類、「敬語の指針」の５分類（謙譲語Ⅰ＋Ⅱを加えると６分類となります）、『敬語表現』の11分類を表にすると以下のようになります。

2分類(注)	3分類	敬語の指針	11分類	例
素材敬語	尊敬語	尊敬語	直接尊重語	おっしゃる、お書きになる、書かれる、お名前
			相手尊重語	御社、玉稿
			恩恵直接尊重語	くださる，お書きくださる
	謙譲語	謙譲語Ⅰ	間接尊重語	伺う、お会いする
			恩恵間接尊重語	いただく、お書きいただく
		Ⅰ＋Ⅱ	尊重丁重語	ご説明いたす
		謙譲語Ⅱ（丁重語）	丁重語	いたす、参る
			自己卑下語	弊社、拙稿
		美化語	美化語	お天気、お弁当
対者敬語	丁寧語	丁寧語	丁寧文体語	です、ます
			丁重文体語	でございます

　ここでは『敬語表現』の11分類に沿って、言葉としての敬語の性質について見ていきます。

　11分類では、従来の「尊敬語」「謙譲語」という用語は使っていません。「尊敬語」というと、どうしても「尊敬する」という気持ちが見え隠れしてしまいます。「尊敬語」を使って上げたい相手を「尊敬」していることもありますが、そうではないこともあります。「尊敬」

（注）２分類については、p.65 の注を参照。

というよりも、最近の言葉でいえば「リスペクト」のほうが近いかも
しれません。その気持ちをここでは「尊重」ととらえ、「尊重語」と
いう用語を使っています。

3.1　**直接尊重語**（従来の尊敬語）

　「直接尊重語」は従来の3分類では「尊敬語」にほぼ当たりますが、
「尊敬」ではなく「尊重」という語を使って表しています。「直接」を
つけたのは、直接的に動作や状態に関わる人を「上げる」働きをして
いると考えられるからです。

　「直接尊重語」には「お／ご～になる」や「れる／られる」、「お／
ご～だ」などの敬語形式といえるものと、「いらっしゃる」「おっしゃ
る」などの特別な形とがあります。敬語形式は、敬語的性質を付加す
るもので、語彙的な意味を担う一般の動詞などと一緒に「<u>お</u>書き<u>にな</u>
<u>る</u>」「書か<u>れる</u>」「<u>お</u>持ち<u>だ</u>」^(注)などのように使われます。その動作を
する人、その状態にある人を高く上げる意味を表します。

　「直接尊重語」には、名詞につく「お」「ご」もあります。「お留守」
「ご病気」のように状態を表す名詞につくもの、「お荷物」「ご本」「お
国」のように持ち物や属するものにつくもの、「お母様」「お子様」の
ように親族を表す名詞につくもの、「ご理解」のように、「する」をつ
けると動詞となる漢語名詞につくものなどです。このほか、形容詞
（イ形容詞）、形容動詞（ナ形容詞）につく「お」「ご」（例：お美し
い、おきれいな、ご面倒な）、副詞につく「お」「ご」（例：お静かに、
ごゆっくり）などがあります。そのほか、「ている」「てくる」「てい

（注）下線部は敬語の部分。

く」の直接尊重語として使われる「ていらっしゃる」や、「だ」「です」の直接尊重語として使われる「でいらっしゃる」などもあります。

　ここで一つ気をつけなければならないのは、これらの「お／ご〜になる」「れる／られる」「お／ご〜だ」「お／ご」などの形式は、すべての動詞、名詞につくわけではないということです。「お／ご〜になる」は中に入る動詞の語幹が1字の場合、例えば「見る」や「着る」「寝る」の場合は、「ご覧になる」とか「お召しになる」「お休みになる」などほかの形になります。

　「お／ご〜だ（です）」は「お持ちだ」の例からもわかるように、状態を表すものに使われます。そのため、「おありです」「お休みです」のように動詞の連用形（マス形）や「留守」「病気」のような状態を表す名詞につけることができます。また、「住んでいます」は「お住みです」ではなく、今はあまり使わない「住まう」という動詞を用いて「お住まいです」になるなど規則通りにならないものもあります。「お持ちのお客様」のように、名詞の前に来るときには「だ」ではなく「の」が使われます。この形は教科書ではあまり扱いませんが、実際にはいろいろな場面で使われ、使える範囲が広いので、教育の中でも取り上げたいものです。

　なお、「いらっしゃる」「おっしゃる」、次の節の恩恵直接尊重語の「くださる」の敬語動詞は、通常の五段動詞（Ⅰグループの動詞）とは少し違った活用をします。「いらっしゃります」「いらっしゃれ」ではなく、「いらっしゃいます」「いらっしゃい」などになります。敬語の形は特別なものも多いので、よく使われる形をそのまま覚える必要のあるものもあります。

郵 便 は が き

料金受取人払郵便

麹町局
承認

1862

差出有効期間
2026年1月31
日まで
（切手不要）

１０２-８７９０

東京都千代田区　　　２２５
麹町3丁目4番
トラスティ麹町ビル２Ｆ

㈱スリーエーネットワーク

日本語教材愛読者カード係 行

ɪｌｌ·ｌ·ｌ·ｌ·ｌｌｌｌｌｌ·ｌ·ｌｌｌｌｌ·ｌ·ｌｌｌｌ·ｌｌｌｌ·ｌｌｌ·ｌｌｌ

お買い上げいただき、ありがとうございます。このアンケートは、より良い商品企画の
ための参考と致しますので、ぜひご協力ください。ご感想などは広告・宣伝に使用する
場合がありますが、個人情報は無断で第三者に提供することはありません。

ふりがな		男・女
お名前		年　齢　　歳

〒

ご住所 ....

　　　　E-mail

ご職業　　　　　　　　勤務先/学校名

当社より送付を希望されるものがあれば、お選びください

　□図書目録などの資料　　□メールマガジン　　□Ja-Net（ジャネット）
　　「Ja-Net」は日本語教育に携わる方のための無料の情報誌です
　　　WEBサイトでも「Ja-Net」や日本語セミナーをご案内しております

スリーエーネットワーク　　sales@3anet.co.jp　　https://www.3anet.co.jp/

アンケート　　　　　　　　お答えいただいた方の中から抽選で毎月5名様に記念品を差し上げます

━ お買い上げになった本のタイトルは?（必須項目）━

● ご購入書店名

市・区
町・村 _____　書店 _____　支店

● 本書をどのようにして知りましたか?

□書店で実物を見て

□新聞・雑誌などの出版物で見て→出版物名_____

□知人のすすめ　　　　　　　　□当社からの案内

□当社からのメールマガジン　　□当社ホームページ

□当社以外のホームページ→ホームページ名_____

□ネット書店で検索→ネット書店名_____

□その他_____

● 本書のご感想、出版物へのご要望などをお聞かせ下さい

価　格：□安い（満足）　　　□相応（まあまあ）　　　□高い（不満）

カバーデザイン：□良い（目立った）　　　□普通　　　□悪い（目立たなかった）

タイトル：□良い（内容がわかりやすい）　　　□普通　　　□悪い（内容がわかりにくい）

内　容：□非常に満足　　　□満足　　　□普通　　　□不満　　　□非常に不満

分　量：□少ない（薄すぎる）　　　□ちょうどいい　　　□多い（ボリュームがある）

━ 自由にご記入下さい ━

● 本書をどのような目的で購入しましたか?

□大学・日本語学校などの採用教科書　　□ボランティア日本語教室の教科書

□個人教授用の教科書　　　　　　　　　□ご自身の参考書

□その他_____

3.2　恩恵直接尊重語（従来の尊敬語の一部）

　「直接尊重語」に「恩恵」が加わった敬語で、「くださる（「ください」を含む）」「〜てくださる（「〜てください」を含む」）「お／ご〜くださる（「お／ご〜ください」を含む）」の３語だけですが、もの・動作の与え手と受け手の関係があり、恩恵を表す敬語として現代の敬語を考えるときに重要なものなので、別立てにしています。これらは「してくれる」人、つまり、自分あるいは自分側の人間に恩恵を与えてくれる人物が高く表すべき存在である場合に使われます。恩恵を表すことは、日本語の待遇コミュニケーションの考え方として非常に重要です。「大変な状況の中で、あるいは、遠方から苦労して、来てくださった」「私のためにわざわざ、作ってくださった」など、その動作をありがたいと思ったことを表すことがその人に対する配慮を示すことになります。これは厳密にいうと敬語の問題ではありませんが、待遇コミュニケーションの観点からは重要な表現の仕方だといえます。

3.3　間接尊重語（従来の謙譲語の一部）

　「間接尊重語」というのは、従来の３分類で「謙譲語」といわれるものの一部です。自分の行動を通じて間接的にある人物を上げる働きをする敬語であるため、「間接尊重語」と名づけたものです。敬語としての働き、目的としては直接尊重語と同じで、誰かを上げた形で表したいとき、それを直接、上げたい人の動作で表す（例：あなたがおっしゃる）か、間接的に下の立場（自分側）の動作を使って表す（例：わたしがあなたに申し上げる）かの違いになります。そのため、どちらも「尊重語」のグループとして扱い、その表し方が直接的か間接的かで分けたほうが適切だと考えたことから、直接尊重語・間接尊

重語という敬語名をつけたわけです。

　「間接尊重語」には「お／ご〜する」といった敬語形式といえるものと、「伺う」「申し上げる」などの特別な形とがあります。「お／ご〜願う」も使われています。これらは、下の立場の者を主語にして、その人の動作を表しますが、重要なのは、その動作に関係する人物（動作の向かう先の人物）の存在が必要で、敬語としての性質はその動作に関係する人物を上げるということなのです。

　基本的には、そうした関係する人物のない動作には使えません。そのため、「お／ご〜する」は直接尊重語「お／ご〜になる」よりも使える動詞が限られています。よく使われるのは、「お知らせする」、「お伝えする」、「お待ちする」、「お待たせする」、「ご案内する」、「ご説明する」、「ご相談する」、「ご報告する」などになります。動作に関係する人物をさらに高める形式として、「お／ご〜申し上げる」があります。「お伝え申し上げます」、「ご説明申し上げます」「お願い申し上げます」などです。現在ではあまり使われませんが、「お／ご〜申します」という形式もあります。特別な形として「伺う」「申し上げる」のほかに、「拝〜する」（「拝見する」「拝聴する」など）や「お目にかかる」、「お目にかける」、「お耳に入れる」などもよく使われます。

　名詞につく「お」「ご」もあります。「お知らせ」など、相手に向かう動作の名詞形につくもの、あるいは「ご説明」「ご案内」など、「する」をつけると動詞となる漢語名詞につくものなどです。自分側には「お／ご」は使わない、と思っている人もいますが、自分の行動を通して相手を上げる働きがある間接尊重語としての「お／ご」があるので、それは誤解です。

　「謙譲語」という用語は、「謙譲」という言葉の意味から、自分自身

を低く表しているととらえられることが多いようです。そのように説明すると、学習者の中には、「なぜ自分を低くしなければならないのか」「自分を低くしたくない」と反発する人も出てきます。そうした点も踏まえ、「自分を低くする」と説明するよりも、「自分の動作を通じて、その相手を上げる」と説明したほうが納得しやすいのではないかと思います。「謙譲語」の代わりに「客体尊敬」という用語を使う研究者もいますが、ここでの説明の趣旨と近いものだといえます。

3.4　恩恵間接尊重語（従来の謙譲語の一部）

　恩恵直接尊重語と同様、間接尊重語にも恩恵系があります。「差し上げる」「〜てさしあげる」、「いただく」「〜ていただく」「お／ご〜いただく」といった敬語です。「〜てさしあげる」は、自分の行動が相手に恩恵を与えることを示し、「恩着せがましさ」が出てしまうという点で、待遇コミュニケーションの約束事に反します。そのため、実際にはほとんど使われません。上位の人を手伝ったことを言うときには、「手伝ってさしあげた」よりも「お手伝いした」と恩恵のない間接尊重語で表すほうがよいといえます。

　実際によく使われる恩恵間接尊重語は、「いただく」「〜ていただく」「お／ご〜いただく」です。これらは、「もらう」「〜てもらう」の敬語形ですが、特に補助動詞として使われる「〜ていただく」は、上げて待遇したい他者の行動による恩恵を自分側が受け取ることを表します。実際に恩恵があるかどうかではなく、自分がそれを恩恵としてとらえているという認識を表しているという点が重要です。

　Ａさんが私を手伝ったことを表すのに、恩恵直接尊重語を用いて、「Ａさんが手伝ってくださった」という言い方と、恩恵間接尊重語を用いて、「（私は）Ａさんに手伝っていただいた」という言い方がで

きます。どちらも相手の動作を自分への恩恵としてとらえたものになりますが、その方向性が異なるわけです。

「～ていただく」の程度をさらに上げた、「お／ご～いただく」という形もよく使われます。「～ていただく」「お／ご～いただく」は、「～」の部分に入る動詞は自分の動作ではなく、上げたい対象の人物の動作を表します。（間接尊重語の「お／ご～願う」も同じです。）そのため、その人物を上げる働きがあると感じられ、なぜ「間接尊重語（＝謙譲語）」になるのだろうと思うかもしれません。それは、その人物の行動を自分にとって恩恵のあるもの、つまり自分のためにする行動ととらえるからなのです。目的としてはその人物を上げることなので、結果としては「直接尊重語（＝尊敬語）」に近い働きをしているといえます。つまり、恩恵系の「～てくださる」「～ていただく」は、どちらも動作主の動作が自分側にとって恩恵であると表すことによって、動作主を上げる働きをもっていることになります。

では、「お／ご～くださる」と「お／ご～いただく」の違いは何でしょうか。商業施設などのアナウンスとして「ご来店くださり、ありがとうございます」「ご来店いただき、ありがとうございます」のどちらがより丁寧だと感じられるでしょうか。「ご来店いただく」の方が丁寧に感じられるのではないかと思いますが、それはなぜでしょう。これは「～てくれる」と「～てもらう」でも同様なのですが、「～てくれる」は動作主の行動が一方的にこちらに来ることを表すので、「とんでもないことをしてくれた」のようにマイナスの影響を表すこともできます。それに対し、「～てもらう」は、自分側のこととしてとらえることにより、その動作を自分も望んでいる、自分から働きかけた結果行われた、という語感が加わります。そのため「ご来店いただき」と言われると、お客様が来ることを施設側も望んでいたと

いう感じが加わるため、一層丁寧な感じになるのです。相手の動作を自分側のこととして受け取ることが丁寧さにつながる、という考え方もあります。

　なお、「お／ご〜くださる」「お／ご〜いただく」については、最近では「お／ご」を伴わない「検討くださる」「理解いただく」などのように、漢語動詞に直接「くださる」や「いただく」をつけた形も、特に事務的な文書などでよく使われるようになっています。また、「お／ご〜いただく」を可能の形にした「お／ご〜いただける」も最近よく使われています。これはそのことが自然に起こったように示すことで自分側の気配が薄くなるという効果があります。

　「〜ていただく」に関連した表現でいうと、よく話題になるのは「〜（さ）せていただく」でしょう。「〜ていただく」や「お／ご〜いただく」が相手や第三者の行為を高め、直接尊重語（尊敬語）と同じような働きで使われるのとは反対に、「〜（さ）せていただく」は自分側の行為を表すために使われるものです。「〜」が自分（側）の動作を表し、「（さ）せ」が相手の許可を得てという使役で示され、「ていただく」が相手の許可を得られたことを恩恵としてとらえている、という表現です。つまり、自分の行為について、相手の許可が得られ、それがうれしい、ありがたいという表現になるわけです。自分の行動が相手に関わるときに使われますが、最近では、特に関わらないときにも使われます。便利なのでよく使われる一方、好ましくない表現だと思う人もいます。「〜（さ）せていただく」が適切な表現になるかどうかは、使われる条件によって変わってきます。なお、「（さ）せる」は五段活用（Ⅰグループ）の動詞に続く場合は「せる」に続き、「書かせていただきます」などとなりますが、分析的にとらえずに「させていただく」という全体を一つの形式としてとらえる人は、

「書かさせていただきます」のように使うことがあります。これは「さ入れ表現」などともいわれ、適切ではありませんが、一つの便利な表現として「～させていただく」をひとかたまりで認識している人がいるということでしょう。

　この「くださる」「いただく」という、単に高めるのではなく、恩恵ととらえることが丁寧さにつながると考える恩恵系の尊重語は現代の敬語を特徴付けるものであるといえます。特に、それを自分側のこととして表すため丁寧さが増す「いただく」系は、丁寧にしたい、配慮したいという現代の人の気持ちに添っており、よく使われています。

3.5　丁重語（従来の謙譲語の一部）

　従来の「謙譲語」のうち、「間接尊重語」とは性質が異なるものとして「丁重語」を別に立てています。「丁重語」は、「いたす（いたします）」「申す（申します）」「参る（参ります）」「存じる／存ずる／存ず（存じます）」「おる（おります）」「ござる（ございます）」と、「(漢語動詞) いたします」、補助動詞の「～てまいります」「～ております」のみとなります。これらは、下位の者が主語となるということで謙譲語と同じグループに入れられていましたが、実際の使い方や表現の目的が異なります。動作に関する人物を上げることが目的の「間接尊重語」とは違って、「丁重語」の動作には関係する人物がいないか、いたとしてもその人物を上げるという性質があるわけではないのです。「申し上げる」は、上げるべき人物のいる「間接尊重語」ですが、「申します」にはその対象となる人物がいません。そのため、名乗るときは「○○と申します」が使えますが、「○○と申し上げます」とは言えません。「Ａさんのお宅に伺います」「Ａさんのお宅に参り

ます」はどちらも言える一方で、「北海道に参ります」は使えますが、「北海道に伺います」は、上げるべき人物が北海道にいるときにしか使えません。つまり、「丁重語」は上げる対象となる人物を必要としないとき、自分側の動作に使うものです。

　では、「丁重語」の「敬語的性質」はこれだけでしょうか。「丁重語」を見て、何か特徴があると思いませんか。どんな場面で使われるかを考えてみてください。どんな語感があるでしょうか。「丁重語」の特徴は、「丁重」という名称が示すように、「丁寧」とは異なる「丁重」な感じ、いわば、あらたまった語感があると考えられます。そのため、式典の挨拶やスピーチ、面接などのとき、つまり場レベルの高いところでの自己紹介などでよく使われるのです。自己紹介については、「○○と申します」「○○といいます」「○○です」と並べると、順にあらたまった感じが少なくなること、そして、それぞれがそれにふさわしい場面で使われていることがわかると思います。あらたまっている、というのは、前に説明した、「場」の特徴とつながる敬語的性質です。あらたまった「場」で使われる、あらたまった語感を出すための道具として丁重語は使われるのです。あらたまった場ですから、当然くだけた感じはなく、丁寧さも必要なので、丁重語は必ず「ます」をつけて使われます。

　丁重語とともにあらたまった語感を出すための語彙として、「本日」「明日」「少々」「ただちに」などのかたい語感を表すものが挙げられます。同じ意味を表す場合にも、「本」ではなく「書籍」などといった漢語が多く使われます。これらの語彙は、特に敬語というわけではありませんが、かたい語感をもつ語として、丁重語と相性がよいといえます。

　「丁重語」の敬語的性質は、「あらたまりを表す」ということになり

ますが、高く表したい人を主語にして使うことはあまりないので、「下位者を主語とする」ということができるでしょう。実際には、「電車が参ります」や「寒くなってまいりました」、「そういたしますと」など、必ずしも低く表す必要のないものを主語とすることや、主語が考えにくいものなどもあります。上げたい相手には使わないけれど、必ずしも低くしたいというわけではない、という意味で、「上げない」という働きであると考えるとわかりやすいでしょう。

　「丁重語」である「いたす」「参る」などは、時代劇では武士が「そのようにいたせ」とか「こちらに参れ」などと、相手を主語としても使っているのを聞いたことがあると思います。実際、明治時代頃までは、武士や武士だった人が普通に使う語でした。重々しい語感があって、「荘重体（態）」などとも呼ばれます。その流れから、かたい語感が引き継がれているのだといえます。

　一方、「おる」にはその用法もありましたが、現在でも「いる」の代わりに「おる」を使う地方もあり、ほかの丁重語とは少し性質の異なるところがあります。また、文章を書くとき、「して」「いって」ではなく、「し、」「行き、」など連用形で文を切って読点でつなげる用法として、連用中止法と呼ばれる用法があります。書き言葉的な、少しかたい調子の文章に使われる用法ですが、「いる」を連用中止にしたいとき「～してい、」とするのを避けて「～しており、」で表す、あるいは「いない」の意味の「いず」の代わりに「おらず」を使うといった敬語としてではない使い方もあります。また、少し古く聞こえますが「こんなことをしおって」のように罵るときに使う用法もあります。

　なお、「存じます」は「と存じます」の形で「思う」の丁重語として、「存じております」は「知っています」の丁重語として使われています。

「ある」の敬語形である「ございます」(注) も、丁重語のグループに入れて考えることができます。「こちらにございます」などのように使います。「上げない」性質をもっているため、上げたい相手のものには使わないのが本来の用法ですが、あらたまった語感を利用して、「ご質問はございますか」などのような使い方も増えています。丁重語はあらたまりの度合いを上げることによって敬意を上げることができるため、通常の場でも、丁寧さを出すために使われることがあります。

3.6　尊重丁重語（従来の謙譲語の一部）

「敬語の指針」での敬語分類は5分類だといわれていますが、実際には6分類です。「お願いいたします」などの「お／ご～いたします」は、間接尊重語（謙譲語Ⅰ）と丁重語（謙譲語Ⅱ）の2つの性質をもっています。動作に関係する人物を上げる、という敬語的性質のほかに、あらたまりの性質も併せもっているので、「尊重丁重語」（謙譲語Ⅰ＋Ⅱ）のように分類されます。一例だけなのですが敬語的性質を考えて分類すると、このように別の分類として考えられます。

3.7　丁寧語（従来の丁寧語から美化語を除いたもの）

「丁寧語」は、文体に関わる敬語です。「です」「ます」を「丁寧文体語」、「でございます」「であります」を「丁重文体語」と呼んでいます。

(注)「ございます」は「ある」の敬語ですが、似た形の「でございます」は「だ」「である」の敬語なので、「です」と同じく文全体に関わる、相手に対して使う敬語になります。したがって、「ございます」は丁重語、「でございます」は丁重文体語（丁寧語）になります。

「丁寧文体語」の「です」「ます」は、ある意味特別な敬語であるといえます。「です」は「だ」の敬語ということもできますが、実は「だ」がなくても文は成立します。「うちの弟は学生。」や「今日は火曜日。」などのような場合です。名詞と同じように「だ」「です」がつく形容動詞（ナ形容詞）も同じです。「わあ、きれい。」のように「だ」「です」がなくても文は成立します。「あの子は元気ね。」のように語幹に終助詞を直接つけることもできます。「ます」については、「ます」をつけた形が動詞の一つの形（ます形）として扱われています。つまり、「です」「ます」は語彙的な意味がなく、敬語的性質だけで成り立っている敬語なのです。

では、この丁寧語「です」「ます」の敬語的な意味は何でしょう。それは、今話している直接の相手に対する配慮を表すということです。尊重語系（直接尊重語、間接尊重語、尊重丁重語）は直接の相手以外にも、誰か特定の人について話すときにその人の動作や状態、持ち物などを上げて表すことで、相手だけでなく第三者をも上げることが可能です。一方、丁寧語は、相手に対して配慮している、ということを、人や動作・状態などを問題にせずに、配慮だけを直接に示しているものです。

「です」「ます」は、最も重要な敬語ともいえます。「です」「ます」は文体を作るという意味で、文章全体を支配します。実際の用法では、「です」「ます」が使われていれば相手に対して失礼にはなりませんが、「です」「ます」が使われない場合、すなわち、いわゆる「タメ口」で話すと、失礼になるおそれがあります。つまり、尊重語や丁重語が全くなくても、「です」「ます」さえ使って丁寧な文体で話していれば、大きな問題とはならないといえます。もちろん、実際の使用の中では、使ったり、使わなかったりと、微妙な使い分けをすることも

あれば、逆に使うことで距離が縮まらず親しくなれない、というようなこともありますが、基本的には何よりも必要な敬語であるといえると思います。重要であり、同時にほかの敬語とは性質が異なるため、「丁寧語」のみを「対者敬語」、それ以外を「素材敬語」として分ける考え方もあります。(注)

　日本語教育の場でも、動詞の「ます形」を普通形より先に教えるのは、動詞の変化（活用）の形が少なく学習しやすいという点に加え、この形を用いた文体であれば失礼にならない、ということも考慮されているといえるでしょう。

　また、「でございます」、そして、今はあまり使われませんが、「であります」も、現代の敬語に含まれるので、この二つを「です」「ます」よりも丁重な語感があるものという意味で、「丁重文体語」としました。「でございます」は、ビジネスなどにおける最上丁寧体として現在でもよく使われています。最近では、「〜ています」「〜てあります」の敬語形として「〜てございます」という新しい形も広まっています。「使ってございます」や「用意してございます」などのように、会議や広報の場などのあらたまった場面での話し言葉や書類などの書き言葉で使われています。

<hr>

（注）素材敬語と対者敬語　辻村敏樹によるもので、「対者敬語」はその語自体には意味がなく、相手（聞き手／対者）に対する配慮（直接的敬意表現）を表すものであるのに対し、「素材敬語」はその語が表す人物、事物、事柄に関する敬語である点が異なる。敬語を大きく分けた場合、この２つに分類することができる。「対者敬語」「素材敬語」は時枝誠記の「辞の敬語」「詞の敬語」に相当する。（辻村敏樹（1977）「日本語の敬語の構造と特色」『岩波講座日本語４敬語』岩波書店）

3.8　美化語（従来の丁寧語の一部）

　「お米」「お弁当」などの「お〜」が典型的なもので、ほかには「死ぬ」という意味の「亡くなる」、「腹」の意味の「おなか」（厳密にいうと、全く同じものを指しているわけではありませんが）などが挙げられます。従来の3分類では「丁寧語」の枠の中に入れられていましたが、「です」「ます」といった「丁寧語」とは性質が全く異なるため、分けて扱います。敬語的性質としては、「言葉をきれいにする」になります。美化語としての「お」「ご」は、相手のものにも自分のものにも使え、誰のものでもない一般的なものにも使えます。

　「お」は「米」「醤油」「皿」など飲食に関係した語に多くつくほか、「天気」「金」「花」など日常生活でよく使われる語につきます。何について、何につかないかは、規則はなく、習慣的に決まっているようです。「ほうれん草」や「ブロッコリー」など、音節数の多い語や外来語にはつきにくい傾向はあるようです。また、「ご」は美化語として使われるものは少なく、「ご褒美」「ご縁」ぐらいです。なお、「お」を外した形ではほとんど使われなかったり、別の意味になったりするもの（例：おしぼり、おにぎり）は、美化語とはいえないでしょう。

　敬語の多くは、何が敬語であるかということについての共通認識がありますが、「美化語」に関しては、人によって異なる点があるようです。例えば、「弁当」ですが、女性の約8割は「お弁当」と言い、男性は逆に多くが「弁当」と言うという調査結果[注]がありました。「お弁当」と普通に言う人にとっては「お弁当」が普通語で、美化語

（注）平成17年度「国語に関する世論調査」の結果について（2006年文化庁）より。「弁当」に「お」をつけて言う人の割合は男性24.1％、女性76.4％。

とはいえませんが、普段は「弁当」と言っている人が、少し丁寧に言いたいと思って「お弁当」と言ったなら、それは美化語を使ったことになります。

　では、なぜ美化語を使うのでしょうか。美化語を使うとその人の使う言葉や表現自体がきれいに聞こえます。これはほかの敬語とは異なり、自分自身の見せ方に関わる敬語だといえます。美化語を使うようなきれいな言葉遣いをする自分でありたい、そのような自分として見せたい、と思ったときに使われるのではないでしょうか。言葉をきれいにする方法はほかにもありますが、美化語を多く使うことは、その中でも大きな位置を占めると思います。逆に、p.43 に挙げた「金ない」の例のように「お金」ではなく、あえて「金」というきれいでない語を使うという選択肢もあるわけです。

　「品格保持」という用法であるとする研究者もいます。美化語に限らず、荒っぽい言葉遣いをする人に対する場合、わざと丁寧な言葉遣いをすることで、自分はあなたとは違う、ということを見せる、といった使い方です。最近ではそれほど多いとはいえませんが、美化語を多用する人は、丁寧すぎたり、気取っていたり、甘えた感じなどのイメージで見られることもあるといえます。「美化語」は、話し手のイメージを決める、いわば自分自身のための敬語なのです。

3.9　尊卑語（従来の尊敬語と謙譲語の一部）

　元々数が少ない敬語ですが、ほかのものと性質が異なるので、別に立ててあります。尊卑語には、「御社」や「玉稿」など、相手側に関するものを言うときの「相手尊重語」と「弊社」「粗品」など、自分側のものについて言うときの「自己卑下語」などがあります。尊重語とは異なり、第三者には使えず、相手について、自分についてしか使

えません。書き言葉やあらたまった場面など、やや特殊な状況でしか使えませんが、実際に使われている言葉です。方向は異なりますが、同様の性質をもつものということで、二つを合わせて「尊卑語」と呼んでいます。従来の分類では、「相手尊重語」は「尊敬語」に含まれ、「自己卑下語」は「謙譲語」に含まれます。

3.10　二重敬語

　二重敬語はよくないと言われることがあります。「二重敬語」というのは１つの語に２つの敬語を使ったもので、「おっしゃられる」「ご覧になられる」などがその例です。ただ、「ご覧になっていらっしゃる」や「ご案内しております」などは「見／ている」「案内し／ている」のように、２つの部分をそれぞれ敬語化したもので、二重敬語とはいいません。「敬語連結」などという言い方もあります。こちらはそれほど問題とはいえませんが、敬語が多すぎると煩わしいので、どちらか一方を敬語にすればいいともいえます。最近よく耳にする「お召し上がりいただけます」は尊敬語と謙譲語を一語の中で使っている特異な例なのですが、「お食べいただけます」では不自然だと考えると、それほど不適切な例とはいえないと思います。二重敬語は、敬意が足りないと感じられるときに使うのでしょう。簡素な敬語を目指すなら二重敬語や敬語連結は避けたほうがいいですが、使いたくなる理由もあると考えると、それほど責められるものではないと考えています。

3.11　敬語の周辺

　狭義の敬語としては以上に挙げたものになりますが、「待遇表現」というときには、敬語の周辺の語や表現などもよく取り上げられます。

「私」「ぼく」「あなた」「彼」「彼女」などの、いわゆる「人称詞」も敬語の周辺の語であるといえます。日本語は英語や中国語などと異なり、一人称（自分自身を表す語）が多くあることが一つの特徴ともいわれていますが、一人称は相手との関係、そして、自分自身をどう表したいかによっていろいろな選択肢があります。その中には、「私_{わたくし}」「私_{わたくし}ども」のようにあらたまりに関わる語もあります。相手を表す二人称は「あなた」が代表的なものですが、同年代か下の相手にしか使えないという制約もあり、むしろ使わないほうがよいともいえます。「あなたさま」は敬語といえますが、それほど一般的ではありません。二人称詞を使わずに「お客様」とか、「先生」「社長」など役職を使う、あるいは名前を呼ぶなどして、使わないようにする工夫があります。三人称を表す語も「彼」「彼女」などがありますが、それほど頻繁に使われるというわけではなく、むしろ名前で表すほうが多いといえます。役職や「山田課長」のように名前プラス役職も使われます。

　ほかに、小さい子どもに対して使う「お絵かき」「おてて」「（おなかの意味の）ポンポン」などの「親愛語」や「幼児語」は、「お」がつくことなど、敬語との共通点があります。特定の相手に使う、という意味では人によって使い分ける語の一種だといえます。

　「敬語」はきれいに、丁寧にするときに使うプラスの方向の語ですが、反対にマイナスの方向の語もあります。罵るときや馬鹿にするときなどに使う「てめえ」とか「この野郎」、少し古いですが「〜しおって（例：こやつ、こんなことをしおって）」などの語で、「卑罵語」や「軽卑語」などと呼ばれます。罵り言葉が豊富な言語もありますが、日本語ではそれほど多くないようです。卑罵語などを使わなくても、敬意を下げる、つまり「先生、あなたは」のように、上位者に使えない「あなた」を使うなどの方法で、簡単に相手に対するマイナ

スの気持ちを表すことができるからかもしれません。いつも「です」「ます」の0レベルで話している相手にいきなりマイナス1レベルを使うと、それだけでけんか腰の印象を与えることがあると思います。

　「敬語」やその周辺の表現に加え、これらを使わない通常の語や表現があり、それらを使い分けることが「待遇」によって異なる「表現」を使う、ということになりますから、ある意味、ほぼすべての言語活動の表現は「待遇表現」であるともいえるのです。待遇表現が含まれないのは特に相手を想定しない、レポートや論文、新聞などの文章ということになりますが、これらを待遇意識のないもの、すなわち「脱待遇」と呼ぶとすると、すべての言語活動は「待遇表現」に関わるものだといえるのです。

ボク　　　オレ

4．敬語の運用

　日本語の世界では、相手や自分をどう認識しているかを表すという原則と、それをどのように表すかの約束事があり、それを表すための装置、方法が存在し、「敬語」はそのための一つの装置であることを見てきました。この「敬語」という装置を使ってどのようにその認識を表すのかを考えていきます。ここでは特に教育面を考え、わかりやすく示すために、丁寧さやあらたまりなどの強さの度合い（レベル）を数値化して表してみます。日本語母語話者、特に社会生活をすでに送っている人にとっては感覚的にわかることでも、日本語学習者や敬語に自信のない人たちには、具体的な指標があるほうがわかりやすいと思うからです。実際には、はっきり割り切れるものではなく、曖昧な部分もありますし、何より、その数値化の度合い、傾向なども個人によって感じ方が異なる面もありますが、一つの目安として示しておきたいと思います。

4．1　場レベル

　何かを誰かに向かって発信、表現しようと思うとき、まずその中身を考えます。そして、それを言葉という形で表現しようと思うとき、まず考慮すべきは「相手」ではなく、どんな「場」なのかということです。その「場」は、あらたまった特別の「場」なのか、普段の生活の「場」なのか、それによって相手の位置づけも話し方も、また、話す内容も異なってきます。

「あらたまり」の意識で場レベルを整理すると、以下のようになります。

場レベル	あらたまり度	具体的な場
＋2	＋2	式典、就職面接
＋1	＋1	会議、パーティー、授業
0	0	通常
−1	−1	友達との飲み会、家庭

　特にあらたまりの感じられない、通常の社会生活の場を「場」のあらたまりの程度としては基本的な「0（ゼロ）」ととらえ、あらたまりの非常に強い場を「＋2（プラス2）」と規定すると、式典や公的な会議の場がプラス2、通常の会議や卒業式の後の謝恩会、懇親会やパーティーなどの場は「＋1（プラス1）」だといえるでしょう。教育の場でも、教師一人が大勢の学生に話しかける場である授業中はプラス1ほどではないかもしれませんが、通常の場よりあらたまり度が高くなります。それに比べると、授業終了後に教師が学生と1対1で話すときにはあらたまり度は低くなり、0レベルになるといえるでしょう。

　それでは通常の社会生活の場、0レベルとはどんな場面かというと、それぞれがお互いに社会的役割をもちながら仕事したり、勉学したりするなど通常の社会生活を送っている場ということになります。教師と学生、会社の中の上司と部下、あるいは同僚どうし、店の客と店員、公共施設の職員と利用者、といった人間関係によって作られる社会生活の場です。それぞれが相手との関係で決まった社会的役割の

もとに行動しつつ、自分自身の個性も出しながら、自分の考えに従って言語生活を送っているわけです。

　あらたまり度が「－1（マイナス1）」、つまりくだけた場というのはどのような場かというと、個人的な関係のみでつながっている親しい友人や家族と過ごす場ということになります。ここではほぼ社会的な役割は存在せず、個人としての存在だけで相手と接することになり、お互いに「です」「ます」抜きのいわゆる「タメ口」で話すことになります。

　ここではプラス2、プラス1、0、マイナス1としましたが、もちろん現実にはその中間の段階もあり、少しずつ変化していくグラデーションになっているといえます。したがって、あらたまり度がプラス1.5だったり、マイナス0.7になったりするということもあると思います。数値が大きくなればなるほど、1対1の場ではなく、1人が大勢の人に向かって話す1対多の場面が多くなります。教室の場における教師のあらたまり度を考えてみると、教室では教師は大勢の学生を相手にして話すので、どうしてもあらたまり度が上がります。あらたまり度が上がれば上がるほど個性は消え、役割が強くなり、反対に、あらたまり度が下がれば、役割よりも個性が強く出るということになります。その意味であらたまり度がマイナスになるということは、ほとんど個性だけの世界になっているといえます。

　それぞれの場でどんな言葉遣いが求められるかというと、あらたまり度が高い場で選ばれるのは、丁重語を中心としたあらたまりを示す言葉です。それは、丁重語、尊重丁重語、丁重文体語、尊卑語、そして「明日（あす・みょうにち）」「少々」などのかたい語感のする語であり、あらたまり度が上がれば上がるほどこれらの語が頻出します。そして、一文を短く切って、「です」「ます」が多用されます。「です」

「ます」は文末だけでなく、文中でも「この点につきましては、〜」「担当いたします佐藤（でございます）」のように多く使われます。終助詞の使用は控えられ、縮約形などの、くだけた話し言葉的な用法も少なくなります。反対にあらたまり度が低くなるにつれて、丁重語やかたい語感のする語は少なくなります。あらたまり度がマイナスになると「です」「ます」を含む敬語はほぼ使われなくなり、終助詞、縮約形が多用されるようになります。言葉の上でもあらたまりの度合いの違いがはっきりわかります。

4.2　相手レベルと言葉レベル

　あらたまり度が0である通常の場では、自分と相手との関係によって上下関係などが決まってきます。

　まずは、相手をどのように位置づけるかという「相手レベル」について考えます。相手との上下差、特に相手を上位に扱うかどうかを最初に考慮します。あらたまり度にならっていえば、高さレベルということになります。単純に相手の年齢が自分より上だったら相手は上位に位置づけられますが、何歳からを上と位置づけるかは人によって異なります。そして社会的関係や立場から決まる上下関係があり、相手が上であれば上位に位置づけます。組織の中の上下関係、例えば会社の中で課員から見た課長、サークルなどでの後輩から見た先輩、学生から見た教師、のような関係です。この上下関係も、場のあらたまり度と同じように段階があり、また、中間的な存在も考えられますが、わかりやすくするために、こちらも「＋1（プラス1）」、「＋2（プラス2)」とします。課員から見た課長がプラス1、社長はプラス2といった具合になります。生徒から見ると担任の教師はプラス1、校長先生はプラス2になるでしょうか。心理的な距離も関係します。あま

り話したことのない遠い存在だと、それだけ高く扱う可能性があります。

　相手が上位でない場合は同じ立場ですから、高さレベルは無標、つまり０になります。同じくらいの年齢、そして同じ立場の人、あるいは立場は違うけれど、特に上下関係がない人ということになります。学校での同学年、会社の同期、そのほか通常の社会生活の中で出会う人々です。役所などの窓口の人と利用者、店員と客などもそれに当たります。

　しかし、同学年、同期でも年齢差があるような場合は微妙です。年上の後輩、年下の先輩の扱いが難しいのはよくあることだと思います。また、客と店員などの場合でも、上下関係があると思う人もいると思います。こうした位置づけは人によって異なるところがあるので、お互いの認識が違うとトラブルの元になることもあります。

　高さレベルがマイナス、つまり、相手を「下位」と考える場合も難しい問題です。日本語では上位に扱うための敬語語彙は多く存在しますが、下位に扱うための語彙は、自分側に使う「自己卑下語」、「おまえ」や「あいつ」などといった人称詞や「卑罵語」（例：やつ）以外にはあまり存在しません。その意味では、「下位」と考える相手を特別に扱う必要はなく、「上位」扱いをしない、つまり、「です」「ます」を含む敬語は使わないと考えればよいのではないかと思います。日本語では伝統的に敬語のレベルを下げることで相手を上位の人間だと認めないことを示し、結果的に罵ることと同じ効果を上げてきました。「先生、あなたは」と言うだけで、相手を上位に扱っていないことを示すといったようなことです。プラス１レベルと考えられる先生に対し、同じレベルあるいは下位の相手に対してしか使えない「あなた」を使うことによって、０レベルまたはマイナス１レベル扱いしている

ことを表しているからです。

　以上をまとめて、場のあらたまり度と同様、相手の高さによってレベルで分けてみたいと思います。ただし、プラスに関しては上位待遇ということになりますが、マイナス方向は下位待遇というより、親しさによる違いといったほうがよさそうです。その意味で「高さ」という言葉を使わず、「相手レベル」と呼びます。ここは敬語と関係してくるところですので、対応する「言葉レベル」も考えます。

相手の例	相手レベル	言葉レベル	言葉の例
社長、校長	＋２	＋２	おいでになりますか
課長、先生	＋１	＋１	いらっしゃいますか
親しくない同期、役所の職員やお店の従業員など	０	０	行きますか
親しい友人、家族、後輩	－１	－１	行く？

　本来は、敬語の中ではある人を上げる働きをする尊重語と、直接の相手に配慮する丁寧語とは別の性質をもっているため、このように並べて考えるものではないのですが、実際の運用を考えたとき、まずは直接の相手をどう扱うか、待遇するかということが最初の問題になるので、このように相手をレベル分けして、その相手レベルに合った言葉を選ぶと考えるほうがわかりやすくなります。言葉レベル「０（ゼロ）」というのは、尊重語などの敬語はほぼ使われず、「です」「ます」が使われるレベルです。「です」「ます」を使っていれば失礼になるこ

とはなく、これが社会生活を送る上での基本のレベルになります。上位の相手に対しても、「です」「ます」を使っていれば、尊重語などを使わなくても、失礼だと感じられることはないでしょう。逆に、特に親しくないのに「です」「ます」を使わないと、相手を下位として扱っていることになるともいえるので、失礼に感じる人がいます。

　この言葉レベル「0（ゼロ）」では、「です」「ます」の丁寧語のほかに、敬語としては「ください／〜てください」も使われると考えます。「ください／〜てください」は恩恵直接尊重語ではありますが、命令形であるため、敬意が落ちます。0レベルは、基本的には、敬語は「です」「ます」「ください／〜てください」が使われるレベルだと考えておきます。最近よく話題になる「やさしい日本語」の言葉のレベルは0レベルに近いものだと考えられます。

　相手を上位だととらえる場合は、プラス1レベル、プラス2レベルで扱うことになります。これらは、主に相手を上げる働きのある尊重語系の敬語を使うことによって表されます。尊重語をどの程度使うか、あるいは丁寧さの度合いの異なる尊重語（「おいでになる」「いらっしゃる」「行かれる」など）のどれを使うかで、レベルが決まるといえます。

　言葉レベルがマイナス1レベルというのは丁寧語「です」「ます」が使われない、いわゆる「タメ口」になります。親しい相手、あるいは、年下や上下関係のある場合の下位の相手に対して使います。家族や親しい友達、同輩の間ではお互いにマイナス1レベルを使うことになります。初対面や特に関係ができていない間は0レベルを使うのが一般的です。レベルは、あくまでも、自分から相手を見て決めるということになります。

　日本語の初級修了程度の留学生が夏休みのホームステイから帰って

きて、マイナス1レベルで話すようになり、「日本人は、誰も『です』『ます』を使いません」などと言うことがあります。若い留学生相手に0レベルで話す日本人は多くないでしょうし、自分が言われたレベルと同じように話せばよいと考える留学生が多いためだといえます。ここが敬語の難しいところで、若い人は年配の人に対して0レベル以上で話さなければならない、逆に年配の人は若い人に対してマイナス1レベルで話すことができるというルールがあるのです。

　言葉レベルがプラス1というのは、尊重語系、丁重語が使われている話し方です。使い方によってレベルが変わり、場合によってはプラス2レベルも考えられます。美化語はどのレベルでも使われる可能性があるため、この言葉レベルを決める際には関係しません。「敬語」と一口にいっても、丁寧語と、尊重語・丁重語では違いがあり、美化語はまた別の意味をもつものであるといえるでしょう。

　なお、マイナス1レベルで話しているときに、共通の上位の第三者について尊重語を使う可能性はあります。例えば、「先生はいらっしゃるかなあ」「私が社長をご案内するよ」などの場合です。そういったこともありますが、ここでは直接の話し相手について尊重語系、丁重語が使われる場合をプラス1、プラス2としています。

　ここで扱っていないのは、「あなたもいらっしゃる？」というような言い方ですが、これは少し特殊なものだと考えられます。このような「ます」のない直接尊重語だけの形式は年配の女性が年下の女性に対して使うことが多いといえます。

　このように、一言話しただけで相手の位置づけが決まりますし、相手をどのように待遇しているかは、相手にもわかることになります。この場合、マイナス1レベルか、0以上か、つまり、「です」「ます」を使うかどうかが非常に重要なことになります。マイナス1レベルは

親しい人あるいは下位の存在の人にしか使わないので、マイナス1レベルを使ったということは、親しい関係でなければ相手を下位と認定したことを示すからです。親しい関係ができる過程で言葉がゼロからマイナスへと変わるのであって、言葉をマイナス1レベルにすればすぐに親しい関係になるということにはなりません。親しくなりたいからマイナス1レベルを使うということは、相手レベルが同じ高さの0レベルの人に対しては有効な場合もありますが、それでも少しなれなれしい、失礼だ、と思われる可能性があり、その判断は難しいといえます。相手が上位者や遠い関係の人だったら、失礼だと思われる可能性が高く、危険なこともあります。あくまでも、親しくなった結果としてマイナス1レベルが使われるということになるでしょう。逆に、親しくなっても0レベルを使い続けると、仲良くなりたがっていない、水くさいと思われてしまいます。相手との距離感、そして相手がどう考えているかを見極めることが大切です。

　実際には、相手レベルも言葉レベルも明確な段階で分けられるものではなく、場レベルと同様にグラデーションで変化しています。実際の運用では、プラス0.5、プラス1.2などということもあると思います。0レベルからマイナスに移行するときは、少しずつ丁寧語の「です」「ます」を外した表現を混ぜていき、マイナス0.1からマイナス0.2へというように相手の反応を見ながら少しずつ距離を縮めていくというようなことは、日常的に行われていると思います。

　第三者をどのように扱うかはまた別の問題で、その第三者と自分、相手との関係によって扱いが変わってきます（p.26）。まずは相手をどのように扱うかが最初の判断になり、次に第三者と自分と相手の関係を考えて位置づけるということになります。このように、ある第三者をどの相手に対しても同じ扱いで示すのではなく、相手によって扱

いが変わるという意味で、日本語の敬語は「相対敬語」だといわれる
のです。

5．まとめ

　日本語の敬語には長い歴史があります。そして、その形式や使われ
方は、時代によって変わってきています。現在の敬語は、現在の社会
状況に合わせて、その性質が決まってくるものであるともいえます。
敬語の特徴を見ると、現在の「待遇コミュニケーション」の一つの特
徴、その方向性をよく表しているということもできます。

　以上、敬語を 11 に分類して説明しましたが、いくつかのグループ
にまとめて以下に示しておきます。

尊重語系　（直接尊重語、間接尊重語、尊重丁重語）

　ある人を高く表す

恩恵系　（恩恵直接尊重語、恩恵間接尊重語）

　恩恵の授受を表す

丁寧語系　（丁寧文体語）

　相手を 0 レベル以上だと認めていることを表す

丁重語系　（丁重語、丁重文体語、尊重丁重語）

　場があらたまっていることを表す

美化語

　事物を美しく表す

尊卑語系　（相手尊重語、自己卑下語）

　相手を高く、自分を低く表す

V　表現意図別の言語表現

　日本語の待遇コミュニケーションの考え方、そして、日本語の社会にある「約束事」とそれを表すための道具ともいえる「装置」、装置の一部ともいえる「敬語」について考えてきました。言いたいことを具体的な言語表現にする際に影響する要素として敬語のような装置があるわけですが、ここでは、具体的な表現形式や言葉を発する前に表現者（話し手・書き手）が何を実現したいと思っているかという「表現意図」の観点から表現を分類していきたいと思います。

　例えば、「こちらに来ていただけませんか」という表現は、どのような意図をもつものでしょうか。先輩と電話で話しているとき、「すみませんが」などをつけて言えば、こちらに来てもらうことを「依頼」するということになるでしょう。また、ツアーガイドがツアー客に集合場所について「2時にこちらに来ていただけませんか」のように言う場合なら、言葉は丁寧ですが、権限をもつ人の言葉として「指示・命令」だということになるでしょう。あるいは、学生が先生に自分たちの催しへの参加を案内するような場合に「よろしかったら」などをつけて言うとすれば、それは「誘い」ということになります。このように、実際に表れた具体的な言語表現の形式を見ただけでは、それがどのような意図をもっているかはわかりません。「依頼」とか「指示・命令」とか「誘い」などは、表現の「機能」だといわれることがあります。しかし、「～ていただけませんか」などの言語表現の形式自体が機能をもっているわけではありません。表現者がどのよう

なことを実現したいと思っているのか、というところから考え、そこからどのような言語表現が選ばれるか、という順序で考えなければならないということです。そこで、どのような「表現意図」をもっているときに、どのような言語行動が表れるのか、どのような言語表現の形式を選択するのか、という順序で考えていきたいと思います。

　言語表現を大きく分けて考えると、「行動展開表現」「理解要請表現」「自己表出表現」の３つになりますが、この中で、特に敬語を使うような相手に対する配慮が必要な言語行動に関するものは「行動展開表現」です。「理解要請表現」でも、少し関係してきますが、「自己表出表現」は、例えばお風呂に入ったときの「ああ、いい湯だな」のような独り言などのことで、そもそも相手が想定されていないものなので、ここでは除きます。本書では、『敬語表現』で示された枠組み(注)を使って、さらに具体的な場面や、考え方、「装置」も考慮に入れながら説明していくことにします。

１．行動展開表現

　「行動展開表現」とは、自分の表現したことにより、相手や自分が行動する、行動を起こすことを目的とする表現です。それぞれの表現意図を説明する際、「行動」「決定権」「利益・恩恵」という３つの要素の組み合わせから考えます。表現者の認識として、「誰が行動するのか」「その行動をする決定権は誰がもつのか」「その行動によって誰が利益・恩恵を受けるのか」という３つです。それぞれに、自分であるのか、相手であるのか、あるいはその両者なのか、といった観点から表現を整理し、考えていくことにしましょう。

(注)『敬語表現』pp.117-161 参照。

1.1 依頼

　表現意図別に言語行動を分類、説明する際に、まずよく扱われ、わかりやすい「依頼」から考えてみることにします。

　「依頼」というのは、「『相手』の『行動』によって、『自分』の『利益』になることを叶えようとするための表現」で、「『行動』の『決定権』は『相手』にある」[注] ということになります。自分の言ったことで相手が自分に利益・恩恵のあることをしてくれる、そして、決定権が相手にあるということは、それをするかどうかは相手が決めることができ、断ることもできる、ということです。断ることができる要請は「依頼」で、断ることができない（と表現者が認識している）要請は「指示・命令」ということになります。断ることができない、ということは要請する側に何らかの権限があることを表しています。

　そして、次に考える必要があるのは、相手と自分との関係、相手の社会的役割によって決まる「当然性」です。つまり、相手にしてほしい行動がどんな用件であるかによって頼み方が異なり、自分と相手の社会的役割によって、頼めること、頼めないことが決まっています。例えばお金を借りたい、というとき、どんな人に頼むことができるでしょうか。あるいは仕事の場だったら、自分がするべき仕事を誰かに頼むとき、どんな人に頼むことができるでしょうか。親だったら、友達だったらと、具体的な人を思い浮かべて、何が頼めるか頼めないかを考えてみてください。同じ相手であっても、頼む内容によって、頼みやすいこと、頼みにくいことがあることも、具体的な用件を考えるとわかると思います。

（注）『敬語表現』p.136 より。

例えば日本語の学習者が日本語を教えている教師に対して、授業中に、あるいは授業終了後に漢字の読み方を教えてほしいと依頼する、という用件について考えてみましょう。日本語教師が学生に漢字の読み方を教えるのは本来の仕事の一部ですから、教える「当然性」が高いといえます。教師に依頼する作文の添削について考えると、授業での宿題であれば「当然性」は高くなり、授業とは全く関係ない添削であれば「当然性」は低くなるということもあります。なぜその人にその用件を依頼するのか、ということが重要で、その用件を依頼することの「当然性」についてお互いに了解されていることが必要です。例えば、Ⅲ. 5（1）のエピソード⑦（p.45）の、同じ寮に住んでいる友達に、出かけたときにケーキを買ってくるよう依頼して断られた件では、依頼する側と依頼される側でケーキを買ってくる依頼の「当然性」の見積もりが違っていたということになります。

　実際の依頼行動としては、「当然性」が高いものは、簡単な依頼の言葉だけで十分ですが、「当然性」が低いものや、相手レベルが高い場合には、複雑な一連の談話が構成されます。切り出しに始まり、依頼の予告、事情の説明などを、やりとりの中で行った後、具体的な依頼の表現をするという段取りになります。「依頼」としてはここまでですが、その後に相手が引き受けてくれた場合、相手が断った場合、あるいは条件の交渉に入る場合など、実際には依頼だけで済むわけではありません。相手が依頼を引き受けてくれた場合には問題は少ないのですが、相手が断った場合、それで引き下がるのか、もう一押しするか、条件を変えて交渉するかなどの方略が必要になります。また、依頼して何かしてもらった場合、依頼者が被依頼者に対して「借り」を作ったと認識されることもあり、その場合は何かの際に「お返し」をすることが期待されます。ほかにも、当然その人に頼むべきことを

ほかの人に頼んだ場合、「面子を潰された」と感じるようなこともあります。「依頼」をするかどうか、それが実行された場合などを考えると、いろいろな局面があり、単純ではありません。

　日本語教育の中で「依頼」の練習を行うことはよくあり、ロールプレイなどで練習させることも多いといえますが、実際にはかなり複雑な判断を伴うものであり、どのような関係で行う依頼なのか、依頼する側が最終的にどうしたいのか、どの程度そうしたいと思っているのか、などを考えて談話を想定しておかないと、あまり意味のない練習になってしまう可能性があります。

1.2　断り、交渉

　「依頼」の後には断りや交渉といった言語行動が展開されます。「依頼」されて相手が引き受けた場合、依頼側は「ありがとう、よろしく」などの感謝やさらに詳しい依頼の内容説明などに進みますが、相手が断ったときは、その後、双方の関係の修復が必要になります。断ることも断られることもどちらにとっても嫌なこと、避けたいことなので、断った方は謝罪や補償（代わりに何をする、次は必ず、など）の表現をしなくてはなりません。断られた方も、気にしていないことの表明、断らせる事態になったことへの謝罪、次回への期待など、お互いに嫌な気分を残さないようなやりとりが必要になります。この場合、断られてすぐに引き下がり、気にしないなどの発言がある場合には、依頼自体が軽いものだったと受け取られることもあり、逆に印象を悪くする可能性もあるでしょう。その意味では依頼は双方の関係にとって難しい局面を招くものではあるといえます。

　断られたときにお互いに条件を変えて合意点を探る、「交渉」のような展開になることもあります。断った方が別の可能性を示唆するな

どのこともあります。別の日時だったら、あるいは、自分はだめだけどこの人だったら、というような場合です。仕事の上でも双方の主張に隔たりがある場合、合意に持ち込むためにお互いに譲れない点と譲ってもいい点を自分自身で確認して交渉する、というようなことはよくあることだと思います。「落とし所」といわれるようなことです。実生活ではこのような交渉はよくあることですので、日本語教育の場でも、もっとこのような練習をしてもよいかもしれません。

「断り」に関しては、断ることをどう考えるかということについて文化によって違いの大きいことが挙げられます。よく、「日本人はNoと言えない」などと言われますが、留学生に「日本人の学生は断りませんか」と聞くと、「よく断ります」と言います。日本語の社会では、明確な断りの言葉である、「だめです」「できません」はあまり使われませんが、「難しいですね」「考えさせてください」などのような表現を使って実際には断っていることが多いのではないかと思います。「ちょっと……」などは、そうした典型的な断りなのですが、明確な断りともいえないので、断ったことが通じないというようなことも起こり得ます。実は、「日本人は断らない」のではなく、「断りの言葉を言わない」だけなのではないでしょうか。

限られた経験の中でいえば、アジア圏の学生の多くは、断ることを忌避するようです。特に、学生の立場では教師から依頼されると断ることができないと思っている学生が多いように思います。そのため、引き受けられないときには返事をしなかったり、引き受けると言ったのに実際にはやらなかったり、できなかったり、という例もあります。日本語の社会では、断りの言葉は言わなくても、断っていることは相手にわかるように伝えるべきであり、引き受けておいてできなかったということのほうが、一般的には低い評価になってしまうとい

えるでしょう。

1.3　申し出、提供

　「申し出」というのは、「相手の利益になることを自分が行動する、決定権は相手にある」という言語行動です。重い荷物を持っている人がいたら「持ちましょうか」、手伝いを探している人がいたら「手伝いましょうか」など、相手が誰かにその仕事をしてもらうことを望んでいる可能性があり、自分にそれをする用意があるときに使われます。「〜ましょうか」という相手の意思を確認する疑問文になるわけですが、相手がそれを望んでいるかどうか確信がもてないときには遠慮がちに「よかったら」を前につける場合もあります。

　重い荷物を持つことを申し出る場合、「持ちましょうか」という形になりますが、それは相手の利益になることなので、恩恵を表す「てあげる」が入った「持ってあげる」という表現を使うことは可能です。しかし、待遇コミュニケーションの原則からいうと、自分への恩恵は示すが、（特に自分からの）相手への恩恵は示さないほうが丁寧になるので、「持ってあげましょうか」よりも「持ちましょうか」が選ばれる、というわけです。荷物が重そうで大変だろう、でも相手は遠慮するかもしれない、と思ったら、相手の確認を省略した「持ちましょう」や「持ちますよ」になり、さらにはそれも省略して、黙ってその荷物を持つ、という可能性があります。ただし、「申し出」は相手の利益を伴うこととはいえ、「手伝ってもらいたくない」という人もいるので、言うのが失礼か、言わないで行動するのが失礼なのかは、それぞれの場合によって違ってきます。

　このように、自分の行動が相手の利益になる場合には「申し出」が使われるわけですが、具体的なものを相手に提供するときは少し表現

が異なります。プレゼントなどをあげる、飲食を提供するなどの場合は「これ、あげます」など自分の行動として表すのではなく、「食べてください」などの相手の行動として表すか、「どうぞ」などのように言うのが普通です。これらの表現を申し出と区別して、ここでは「提供」といいます。

なお、この場合、「どうぞ」は自分のものを相手に提供するときに使われる表現で、自分が主催側ではないパーティーでほかの人に食べ物を勧める場合には使われません。「これ、おいしいですよ」などの情報提供にとどまるでしょう。「どうぞ」は使われる状況が限られており、"please"と同じ意味ではありません。

1.4 宣言

「宣言」は、「自分が行動し、自分がその決定権をもつ」ものであり、自分に利益がある場合、相手に利益がある場合、両者にある場合、どちらにもない場合のすべての可能性があります。自分に決定権があることを自分が行動する、ということをただ「宣言」するわけなので、特に言わなくてもよい場合もあると思いますが、その行動が何らかの意味で相手に関係がある場合に使われる言語行動になります。

相手に関係のある自分の行動を言語化する「宣言」は、それを言うことで丁寧さを表すこともあります。「私がお荷物をお持ちします」という表現も、相手の荷物を持つということを宣言しながら、実際に持つという行動をすることで、相手に対する配慮になっていることがわかります。相手に強く関わる自分の動作の場合は「（椅子を）お倒ししします」などのように敬語が使われます。直接的には自分の行動を言うわけでない、「（お客さまがお買いになった）お品物でございます」、「こちら、ご注文の品になります」など、特に説明しなくてもよ

いものについて表現することもあり、そう言うことがそのまま相手への配慮になっていると考えられます。「○○になります」という表現は、批判されることもありますが、「です」と言い切るよりも、間接的に表すことによって和らげとなり、ある種の配慮となる表現だともいえるのではないでしょうか。そのほか、挨拶、名乗りともいえる、「担当の佐藤です」「担当いたします佐藤でございます」も、自己紹介というより責任を明らかにする意味もあって、客への配慮として使われているものだといえます。これらの広い意味での「宣言」の表現は、接客場面などでよく使われています。

　これを一歩進めたのが「〜（さ）せていただきます」です。接客場面だけでなく、日常生活の様々な場面で使われていますが、自分の行動を説明する際、相手との関わりをもたせた言い方をすることによって、丁寧さを出そうとしています。「司会を務めさせていただきます」などですが、自分の行動は相手の許可によるもので、それを自分は感謝しているととらえていることを表現したものです。「お／ご〜する」などの「間接尊重語」が「〜」の動作に関わる人物が必要な動詞しか使えないのに対し、「〜（さ）せていただく」は、特にそうした人物が必要でない場合にも使えるため、自分の行動だけを丁寧に表したいと思うときによく使われています。ただし、「○○大学を卒業させていただきました」など、相手に全く関係のない動作に使うと、不適切だと感じる人もいます。さらに、「お休みさせていただきます」、「料金を改定させていただきます」など、相手にとって不都合な動作に使うと、自分は許可をしていないと不快になる人もいるでしょう。「宣言」の「〜（さ）せていただきます」は、相手への関わりの程度や性質によって、非常に丁寧に聞こえたり、不適切に感じられたりするので、使う場面をよく考えたほうがよいといえます。

なお、「入学式を始めます」「開会を宣言いたします」など、その表現をすることでその事態が成立するものは、「宣言文」「遂行文」ともいわれます。

1.5 指示・命令

「指示・命令」は、「相手が行動し、自分が決定権をもっていて、利益は自分にある、相手にある、両方にある、どちらにもない」といろいろなケースがある言語行動です。利益はともかく、相手が行動する意味では「依頼」と近いのですが、違うのは決定権が自分にあるということです。つまり、「指示・命令」をされた側は断ることができない、従うしかない、ということになります。なぜそのようなことができるのかというと、「指示・命令」をする側に何らかの権限がある、ということが隠されているからです。そのため、権限をもっていれば、上の立場の人に対しても行うことができます。例えば、学会の準備をしている大学院生が、自分の指導教員に向かって「すみません、ちょっと移動していただけませんか」などと言うことがあります。この場合、「すみません」「ちょっと」「していただけませんか」など丁寧さを加える表現が選ばれていますが、それは相手と自分の関係、立場から出た丁寧さであり、この場合、それを言われた教員は断る、反対することはできず、黙って従うことになります。ただし、このような場合でも自分の指導教員に対して指示することは憚られる、と感じる文化をもつ人がいるのも事実です。

「指示・命令」の表現としては、「～てください」「～てくださいませんか」「～ていただけますか」「～ていただけませんか」「～ていただいてもいいですか」「～ていただいてもいいでしょうか」などがあります。表現だけを見ると、「依頼」と同じような表現形式になりま

すので、表現者に権限があるかどうかで表現意図が変わり、それによって答え方も変わってきます。「指示・命令」か「依頼」かは表現からだけでは区別が難しいのですが、状況を考えると違うことがわかると思います。ですから、返事をする際にはそれが依頼なのか、指示・命令なのかを考える必要があります。

　指示・命令の表現は相手に行動を要求する、という意味で「〜てください」が基本の表現になりますが、「〜てくださいませんか」という疑問形を使うと丁寧さが増します。さらに「てくれる」系ではなく「てもらう」系を使うと、相手の行動を自分側のこととしてとらえることにより丁寧さが増し、自分の方からそれを望んだ、という意味が加わるため、丁寧に聞こえます。それを否定、疑問の形にすることでさらに丁寧になります。もう一歩進めたのが「てもらってもいい」系になります。もともと「〜てもいいですか」は自分が何かをすることについて相手の許可を得るという「許可求め」の表現形式ですが、「〜てもらってもいい」にすると、相手の行動を自分が望んでいるということと、それを行う許可を相手に求めているということを同時に表す形になるため丁寧感が一層増すことになります。この表現は、実は割に新しいもので、筆者が初めて聞いたのは1990年代の初めのころで、聞いたときにはびっくりしましたが、あっという間に広がりました。今では「〜てもらってもいい（です）（か）？」「〜ていただいてもいい（です）（か）？」のどちらも非常によく使われる表現になりました。この場合、表現の全体としては、恩恵間接尊重語と同じ働きになるのですが、「〜」の部分の動作の主体は自分ではなく相手となります。丁寧に指示をする場合に表現の丁寧さを最大限にしたいということから、よく使われているといえます。

1.6 誘い

　「誘い（勧誘）」は「自分と相手の利益になることを自分と相手で一緒に行い、決定権は相手にある」という言語行動です。「依頼」と異なるのは、その行動をして利益を得るのが「自分」と「相手」の双方だという点と、相手だけでなく自分も一緒に行動するという点です。決定権をもち、行動するのは相手なので、相手がそれをするかどうかを決めるポイントは、その行動の中身に加え、自分と一緒に行動したいかどうかになります。日時が決まったイベントであれば、日時も要素の一つになります。したがって、「誘い」を行うときには、行動の内容の提示、あれば日時の提示をすることになり、典型的な表現は「〜ませんか」になります。一緒に何かをすることについてほぼ合意がとれている場合は、「〜ましょう」と言う場合もあります。

　どのようなときに「誘い」が行われるかというと、その意図の一つには一緒に行動したい、ということがあるので、親しくなりたい、ということが目的であることが多いといえます。あるいは、自分のもっている何らかの特典について相手にもその機会を与えたいということもあるかもしれません。いずれにせよ、「誘い」というのは一緒に行動することがポイントになるといえるでしょう。

　一緒に行動しない、相手だけの行動であれば、別の形になります。例えば上の相手に対し、自分たちが開くイベントなどに来てもらいたい、と思ったときには「依頼」の形をとることになるでしょう。また、持っているチケットをあげるなどの場合は「提供」になるでしょうし、情報を与えるだけなら「助言」や「勧め」などの形になるといえます。

　「誘い」の談話の構成としては、相手との関係、距離によって前置きがあったりなかったりしますが、伝えることとしては、行動の内容

と日時ということになります。このとき日本語では、最初に質問の形から入ることが多いようです。「〜はお好きですか」とか「〜に興味がありますか」、あるいは、「今度の日曜日、暇？」などのように、行動の内容に関することや日時についての質問が来ます。これは、依頼のときの前置きである「ちょっとお願いしたいことがあるんですが」などに相当するものです。この質問は答えを要求する質問ではなく、これからの誘いの予告だといえるので、答える必要はない形式的な質問です。「どうして（そんなことを聞くの）？」あるいは「何かあるの？」などの質問で返すことが可能です。ここで「好き」とか「暇」と答えてしまうと、後でそれを口実に断ることが難しくなります。「どうして？」「何かあるの？」と聞かれたら、「実は、〜」と内容や日時について説明し、「一緒に行かない？」などの誘いの表現が来るわけです。

　答えとしては賛同する場合には、「いいですね、行きましょう」などとなります。そしてさらに待ち合わせの時間などの細かい相談に移行します。断りの場合はその行動の内容、日時、そして自分と一緒に行動したいかどうかのどれかに問題があるということになります。実際は「あなたと一緒に行動したくない」というのが本音であっても、内容、あるいは日時を断りの理由とします。「その日はだめ」「今忙しい」あるいは「そのイベントには興味ない」とか、「すでに経験した」なども断りの言い訳になります。断られても、さらに条件を変えて2度3度誘うような場合もありますが、それでも断られる場合は、本当の理由は「自分と一緒に行動したくない」である可能性があるといえるでしょう。

1.7 助言・勧め

　「助言・勧め」とは「相手の利益になることを相手が行動する、決定権も相手にある」という言語行動です。相談されたときの答えの表現は、「〜たらいいですよ」「〜がいいと思いますよ」「〜はどうでしょう」などになります。相手から相談されなかった場合でも、自分がもっている情報を知らせる、相手にその行動を促す、勧める、のような場合もあります。この場合、「どうぞ」「〜てください」「こういうものがありますよ／あるんですけどいかがですか」などのような「提供」の形をした表現が使われます。「どうぞ」や「〜てください」はほかの表現意図でも使われますので、それがどんな表現意図をもっているのか、場面に即して考えることが必要です。

1.8 許可求め、許可与え

　「許可求め」は「自分の利益になることを自分が行動する、決定権は相手にある」、「許可与え」は「相手の利益になることを相手が行動する、決定権は自分にある」というペアになる言語行動です。「許可求め」の典型的な表現は「〜てもいいですか」、「許可与え」の典型的な表現は「〜てもいいです（よ）」になります。ここでのポイントは許可を与える人に何らかの権限があるということです。美術館などで写真を撮ってもいいか美術館の職員に聞くとか、どこかの施設を使いたいときにその施設の職員に聞くといった場合で、「写真を撮ってもいいですか」「ここ使ってもいいですか」が許可求めで、許可する場合には「いいです（よ）」になります。「〜てもいいです（よ）」は権限を持っていることを明示した少し偉そうに聞こえる表現になるため、「どうぞ」など他の表現が選ばれることも多いと言えます。許可しない場合は「禁止」ということになるでしょうか。しかし、「だめ

です」などの強い表現より、「撮らないでください」「禁止されています」など、あまり直接的でない表現が選ばれるのではないかと思います。「禁止されています」「使えません」などは事実を伝える形で表していることになります。

　これだけなら簡単なのですが、実際に「〜てもいいですか」という表現で問題になることがあります。例えば、授業中、生徒が「先生、トイレに行ってもいいですか」と言った場合、教師は「だめです」と言えるでしょうか。これは許可を与える人に権限があるかどうか微妙な問題であり、許可せざるを得ない状況だといえるでしょう。つまり、このような「許可求め」は、形式は許可求めですが、実際はほかの意図がある場合に、「あたかも」「許可求め」であるかのように表現することで丁寧さを出す、という「あたかも許可求め」表現であるといえます。本当は行動を起こす人に決定権があり、「トイレに行きます」や「来週休みます」と「宣言」してもいいような場合なのですが、相手に配慮して少し丁寧に言いたいと思い、許可求めの形を使っているのです。典型的な許可求めの表現である「ここで写真を撮ってもいいですか」とは少し異なることに気づくと思います。

　「〜（さ）せていただきます」は、「宣言」の表現では問題になることもありますが、「〜（さ）せていただけますか」という「依頼」の形をした「許可求め」の表現で使う場合には、ほとんど問題がないといえます。自分が行動を起こす際に、相手の許可を得ることが目的なので、相手の許可をありがたく思う、という「〜（さ）せていただく」の本来の意味に合っているわけです。さらに丁寧な「許可求め」の表現として、「〜（さ）せてもらってもいいですか」「〜（さ）せていただいてもよろしいですか」などの形も、よく使われています。

1. 9 「行動展開表現」のまとめ

ここで挙げた「依頼」「許可求め」などは、それぞれの表現意図に基づいて分類したものです。「決定権」には、立場や権限などの条件も含まれます。そして、「依頼」なら「～てもらえませんか」、「許可求め」なら「～てもいいですか」など、それぞれに典型的な具体的表現がありますが、実際の言語行動としては、そのままではその状況に合わないと判断し、あるいは、丁寧にしたいと思い、条件をずらして別の表現を選ぶことも多くあります。それを『敬語表現』では「あたかも表現」[注]と呼んでいます。そのため、実際に使われた表現に「依頼」「指示」などのラベルをつけても、本当に表現したい内容とは合わないことが多いのです。このような行動や表現を分析するときには、実際の場の状況と、何がしたいかという表現意図とをあわせて考えて分析することが必要です。

（注）『敬語表現』p.124 参照。

2．理解要請表現

　その言語表現の後に相手あるいは自分の何らかの具体的な行動が要求される「行動展開表現」に対して、具体的な行動を想定しない、何かを相手に伝えることを主な目的とした言語表現として「理解要請表現」があります。相手が自分の言ったことを理解してくれればよい、という言語表現です。「ここをまっすぐ行くと駅です」「天気予報で雨が降ると言っていました」のような知識や情報を伝える場合や、「今日は楽しかったね」などのように、自分の感情を伝えるための表現です。ただし、実際の会話では、話し手はこのように言うことによって、文字通りの情報を伝えようとしていることもあれば、別の意図を伝えたい場合もあります。例えば、「ここ、禁煙ですよ」と言うときには情報を伝えているようで、実際には、「たばこを吸わないでください」ということを少し遠回しに言っているというような場合です。また、ある文をその文が発せられる状況を含む一連の会話全体の中でとらえると、一文だけで発せられる場合と言いたいことが違う場合もあり、実際にはその判断をするのは難しいともいえます。ここでは、話し手がその会話全体で何を言おうとしているかという少し大きい単位での「表現意図」ごとに、言語行動と具体的な表現を見ていきたいと思います。

2．1　ほめ

　相手のよいところを口に出して言うことを「ほめる」といいます。ここではその言語行動を「ほめ」ということにします。「ほめ」と一口に言いますが、何がしたくてほめるのかを分類していくと、実際にはいろいろなケースのあることがわかります。また、「ほめ」というと、「その○○、いいですね」などが典型的な表現だといえますが、

「髪、切ったの？」という相手の変化に気がついてその事実を言及するだけでも「ほめ」になる場合もあり、実際にはいろいろな表現があります。

　まずは具体的な表現を挙げながら、それらがどのような場合に使われるのかを見てみましょう。「その服／髪型／持ち物（バッグなど）、いいね」は、どのようなとき、どのような相手に使う表現でしょうか。家族や親しい友達に対してなら言えそうです。その場合、本当にそれがいいと思ったから言うことが多いでしょう。では、訪問先で「すてきな部屋ですね」と言うのはどうでしょうか。友達の家に遊びに行ったときや、仕事で訪問したオフィスでこのように言うのは、本当にそう思っているからというよりも、何か、その場所についてほめ言葉を言わなければならないから言う人が多いのではないでしょうか。また、「ほめ」の表現の後には、相手を注意したり、叱ったりする内容が続くことがあります。「ほめ」が、相手にとってよくないことを言う前の和らげの表現として使われるということもあるでしょう。

　訪問した際のいわば決まり文句としてのほめ言葉は、「お世辞」「社交辞令」と取られることもあります。「お世辞」と「ほめ」は全く違うようでいて、実際の表現としては、実はほとんど同じものになります。自分の気持ちとして本心からほめるのではない場合に「お世辞」や「社交辞令」というのかもしれません。「お世辞」「社交辞令」のように、何かほかに目的があってほめるものを「形式ほめ」と呼ぶことにします。叱る前に少しほめるのも「形式ほめ」だといえます。

　これに対し、本当に自分がよいと思ったから言うのが「実質ほめ」です。では何のためにほめるのかといえば、相手との関係をよくしたい、よい関係を維持したいからではないでしょうか。本当によいと

思って言う場合は、ほぼ親しい人の間に限られているといえますが、裏を返せば、感情を共有し合えるような個人対個人の関係になっているからこそ言えることなのです。それぞれの立場を背負っている社会的な関係どうしでは、感情を共有することは難しいでしょう。そのため、感情を伝え合える相手でない人からのほめ言葉は受容しにくいといえます。男性の上司が部下の女性の髪形や服装をほめると、場合によっては「セクハラ」と言われてしまうのもそのせいです。しかし、冗談を言い合うなど、ある程度親しい関係ができていれば、許容される可能性も高くなります。

　上司が部下に対して「がんばっているね」と言うときは、先ほど挙げたような苦言を呈する前に言う場合のほかに、本当にほめている場合もあります。これは、上の立場から下の立場に対しての「評価」であるといえます。「評価」は、評価できる立場にいる人から評価される人に言う場合に限られており、その逆はありません。よく問題になる「先生、今日の授業はよかったです」というのは、学生が評価する立場にあることを示してしまうため、不適切なのだといえます。

　このように「実質ほめ」が行えるのは、親しい間柄やそうなる途中の関係にある人に対してであり、評価につながる「ほめ」が可能になるのは上の立場から下の立場に対してであるといえそうです。では、それ以外の関係では自分の気持ちを伝えられないかというとそうではありません。下の立場からは、「すごいですね」「感動しました」など自分の感想として伝えるほかに、「みんな喜んでいますよ」などのように第三者のほめとして伝えることができます。学生が教師の授業についてよかったと思った場合、「これまで理解できなかったことが今日の授業でよくわかりました」など自分の立場からの感想を言うことで、その気持ちを伝えることができます。ほめることができないので

はなく、適切なほめ方にする必要があるということです。

　「ほめ」を感謝の形で伝えることもあります。「あなたのおかげで」などの表現や、プレゼントをしたり食事をおごったりするなどの行為は、感謝の気持ちを表しますが、これらも「ほめ」の行為の一つだといえます。

　ほめられたときの返答は、「いえいえ」や「まだまだ」と否定することが推奨されており、授業でもそのように教えることが多いでしょう。お世辞などの「形式ほめ」の場合はそれでもいいのですが、親しい関係の「実質ほめ」であれば「ありがとう」などと受け入れることも多くなってきているようです。

　このほか、病気の人に対して「顔色がいいね」などと言ったり、悲しいことがあった人に「大変だったね」、大変な状況を経験した人に「よくやったね」など、その人の状況に合わせて気持ちを伝えたりすることは「ほめ」と同様、感情を伝え合う関係でできることだといえます。これらも相手との関係をよくしたい、よい関係を維持したいときに言うものとして、「ほめ」と同じ目的をもつものだと思います。

2.2　お礼

　日本語のお礼、感謝の表現は、「ありがとう（ございます）」[注]が代表的なもので、そのほかに、あらたまった語感の「御礼申し上げます」、書き言葉でよく使われる「感謝します／感謝いたします」などがあります。軽い感謝としては「どうも」も使われますし、軽く会釈

（注）言葉レベルのあらたまり度でいうと「ありがとうございます」が０レベルで基本レベルとなり、「ありがとう」はそれよりもあらたまり度が下がるマイナス１レベルとなるが、本節では「ありがとう」に代表させて述べている。

するだけでも表すことができます。相手の行動に対し「（～てくれて）助かった／助かりました」「おかげさまで」などということも、感謝を表しています。相手の行動を「てくれる」「てもらう」などと表すことで、相手からの恩恵を受けたことを表します。

　感謝の言葉をどの程度言うかは文化によって違いがあり、中国、韓国などアジア圏では一般的に日本より少ないようです。親しい間柄で使うと水くさい、などと言われることもあるようです。逆に欧米では日本よりよく使う、という報告もあります。日本でも以前に比べるとよく言われるようになったようで、欧米型に近づいているのかもしれません。

　このほかに、「すみません」も感謝を表す言葉として使われることが多いです。「すみません」は「謝罪」、「ありがとう」は「感謝」と分類すると、なぜ感謝するべきときに謝罪するのかわからない、「ありがとう」を使おう、という提案などもあります。しかし、「すみません」は自分が相手に負担をかけたことを認識していることを表す表現であり、必ずしも「謝罪」とはいえません。例えば、誕生日のプレゼントを家族や恋人からもらったときは「すみません」とは言いませんが、知り合いや同僚などからだったら、「すみません、ありがとう」となるでしょう。知り合いや同僚などが自分にプレゼントをくれるのは好意からであり、当然すべきことのうちには入らないので、そのように気を遣わせた、負担をかけたことに対して「すみません」が出るのです。そして、もらったことに対して「ありがとう」と言うわけです。なお、この場合の「すみません」のマイナス１レベルは、いつもではありませんが、「悪いね」が相当すると考えられます。「謝罪」であることがはっきりしている場合は「ごめん（なさい）」になります。

　話し言葉だけでなく、お礼状を書いたり、また、感謝の気持ちをプ

レゼントで表したり、食事をおごるなど具体的なもので示すこともあります。招待されて訪問するときに持参する手土産などもその一種かもしれません。留学生から、日本でお世話になった人にどのように感謝を示したらいいかを聞かれることがありますが、帰国してからも連絡を取ることが一番だと伝えています。このように感謝の示し方にもいろいろな形があります。

2.3 苦情・注意

「ほめる」とは反対に、相手にとってよくないことを言う、「苦情を言う」「注意する」などについて考えてみます。相手のすることが気に入らなくて、文句を言ったり、注意したりするときにはどのような表現を使うでしょうか。例えば、待ち合わせに遅刻した人に腹を立てている場合、何と言いますか。このようなときによく使う特徴的な言い方があります。それは疑問詞を使うことです。「どうして遅刻したんだ！」や、もっと怒っているときには、「今何時だと思っているんだ！」などもあるでしょう。一般的に日本語では怒っているときに疑問詞を使うようです。怒っている相手に「どうして遅刻したんだ！」と言われて、「電車が遅れたからです」などと言ったら、相手はもっと怒るでしょう。この場合「どうして」は理由を聞いているのではなく、怒っていることを表しているのです。そう言われたら、まず、「すみません」と謝らなければなりません。正当な理由があっても、まずはそのような事態を引き起こしたことに対して謝り、その後で「実は電車が遅れたものですから」などと理由を言うことになります。筆者の経験ですが、海外で友人と不当な扱いを受けたことがあり、その国の言葉で「どうして」と言ったら、相手が理由を説明したので、友人はもっと怒ってしまった、ということがありました。日本語の「いつ」「誰が」「どこで」「どうして」「なぜ」など、疑問詞の含まれた表現は、もちろん言い方にもよりますが、怒っていることを表すことが多いといえます。こうした点は、日本語学習者には覚えておいてもらいたいことだと考えています。

このほかに、先にも挙げた、禁煙の場所で喫煙している人に対して「ここ、禁煙ですよ」と言うことは注意に当たりますし、注文したものがなかなか来ないときに、「まだ来ていないんですけど……」と言

うことは、相手の不備を指摘し、苦情を言っていることになります。このように、事実の指摘も注意や苦情などのときに使われる表現です。

　注意、苦情について考えるとき、注意する、苦情を言うことによって、その先にどうしたいのか、ということも考える必要があります。ただ自分の不快な気持ちを相手にぶつけたい、という場合もあるかもしれませんが、例えば、「ここ、禁煙ですよ」は、「たばこを吸うのをやめてください」ということを、「まだ来ていないんですけど……」は「早く持ってきてください」ということを婉曲的に伝えているのだともいえます。形は「理解要請表現」ですが、実際は婉曲的な依頼だといってもよいかもしれません。一方、「どうして遅刻したんだ！」という発言は、遅刻はもう修復できないことなので、その場で何か行動をすることを期待するというより、それが問題であることを知らせ、次回からはしないようにと伝えていることになります。注意、苦情の場合、その先にどうしたいのかで、依頼なのか、感情を伝えたいのか、などの表現意図や目的が違ってくるといえます。

2.4　お詫び

　注意されたとき、どのように詫びるでしょうか。注意されたときだけでなく自分に不備があったり、相手に無理をしてもらったりというときなどに、「すみません」と謝罪することがあるでしょう。

　このようなときの典型的な表現である「すみません」は、「謝罪」「お詫び」などといわれますが、「お礼」のところで見たように、感謝に通じるものも多いといえます。注意を受け、自分の不備を悟ったときには「すみません」と言いますが、これは自分の非を認めるというより、そのような事態を引き起こしたことに対する表現だといえま

す。よく、欧米で「すみません」に当たる言葉を言うと、自分の非を認めたことになるから言ってはいけない、というようなことも聞きますが、日本語の「すみません」は自分の行動が悪いかどうかより、そのような状況を作ったことに対する表現であるため、相手に負担をかけた、相手に無理をさせたと感じたときにも使われるのです。そのため、直接の注意や叱る言葉がなくても、相手が怒っているなと感じたら、それらの言葉を引き出さないように、早めに言う場合もあるでしょう。何か正当な理由があったとしても、まずは相手の期待に応えられなかったことに対して、「すみません」と言うのです。その後で、正当な理由などを述べることになります。自分に非があると感じるときには、さらに「ごめんなさい」「申し訳ありません」などの、真に謝罪を表す言葉を言ったり、そのほかの手段を取ったりすることになります。

　「注意」は、話し手がその後何を期待するかによって性質が異なりますが、「ここ、禁煙ですよ」など、その場での行動に対してであれば、すぐにたばこを消すなど、その要請に応じることが必要になり、必ずしも「すみません」という謝罪の言葉はなくても済むかもしれません。反対に、遅刻したことに対してなら、それは取り戻せないので、まずは謝ること、そして反省の意を示し、次からはしないという決意を述べることが必要になるでしょう。あるいは、「悪かった、ごちそうするよ」などの補償を示すこともあります。

2.5　意見を言う

　人間関係を悪くしたくないと考えたら、そして、丁寧に接したいと思うのなら、相手の言うことをすべて肯定して、その通りです、と言えばいいことになります。しかし、そのようにすることは、自分の考

えを否定し、自分自身を大切にしないということになり、「待遇コミュニケーション」の原則からは外れることになります。「苦情」も同じですが、相手にとって好ましくないことを言うときには注意が必要です。面と向かって "No" と言えるような言語文化や、相手と議論しても、議論が終わったら何もなかったかのように振る舞うという文化もありますが、日本語の社会では、相手を直接否定するようなことを言うのは避ける傾向があります。ある意味では、相手に対して否定的なことをどのように工夫して言うかが、待遇コミュニケーションの一つの目的だともいえるのです。相手も尊重し、大事に扱うが、自分も大切にし、自分の意見を相手にどのように伝えるかが「相互尊重」の精神なのだといえます。^(注)

　そのために、相手に否定的なことを言うけれども、あなた自身を否定しているわけではない、あなたに悪い気持ちをもっているわけではないということを同時に伝えなければなりません。注意するときに、最初にちょっとほめるのもその一つの方略だといえます。自分の意見を言うときに、ちょっと笑顔を見せる人もいます。これも和らげの一種だといえます。相手に異論を唱える場合は、同じ立場であることが多いですが、上下関係があるときもあり得ます。上から下へは言うことが容易ですが、下から上でもできないことはありません。しかし、それができるかどうかは、その組織、グループ、人間関係、相手の人柄によって異なるといえます。筆者が経験した限りでは、率直に意見を言える社会（組織、グループ）と、言いにくい社会があります。言

（注）「相互尊重」は『敬語の指針』の「敬語を使うときの基本的な考え方」の一つに挙げられている。一方で、自分らしさを表す「自己表現」という考え方も示されている。

いにくい社会でも言い方を工夫すれば言うことができる場合もあります。自分が今属している社会がどんな社会なのか、まずは観察してみることです。意見が言いにくい社会は「忖度」を呼ぶものであり、そのことは問題視されてはいますが、現在でも存在することは確かです。そのような社会で自分の意見を言うときには、必要以上の摩擦を引き起こすことは覚悟して言ったほうがよいといえます。少なくとも、そのことを学習者にも伝えたほうがよいかもしれません。

　もちろん、率直に意見が言える社会のほうが望ましいといえますが、それでも日本語の社会では言い方に気をつける必要があります。「違う」とか「正しくない」「おかしい」などの直接的な言葉は、相手を否定していると受け取られる可能性があります。婉曲的に言うには、例えば、「こういうことも考えられるけどどうでしょう」などの相手に提案する表現や「もう少し詳しく教えてください」などの相手の意見や教示を要請する表現がありますが、その前に、まずは相手の言うことを一旦は肯定する必要があります。実際にはそこまでしなくても、「どうかな……」「このようにも言えるのでは？」などの婉曲的な形が使われることも多いといえます。そしてそれが受け入れられるかどうかは、相手がどのような人であるのか、二人の人間関係がどのようなものであるのかによることが多いでしょう。

2. 6　自己紹介

　日本語の社会は、比較的「自己紹介」の多い社会ではないかと思います。新たに何らかのグループに参加するとき、多くの場合、メンバーの前で自己紹介が求められます。留学生は、大学に入ったときに何度も自己紹介をさせられると驚くようです。自己紹介の目的は、自分をそのグループに受け入れてもらうことですから、内容としては自

分がどんな人物であるかを紹介するとともに、そのグループと自分の関係について何らかの言及があることが多いです。自分に関する情報としては、名前や何と呼んでほしいかのほかに、「出身」「所属」を述べることが多いでしょう。これはそのグループによって何を言うかが変わり、例えば大学の新入生の場合、同じ学部、同じ学科の場合なら出身地や出身高校など、別の学部や学科の人がいる場合には学部や学科に言及することになります。学外で話す場合には「学生」であるとか、大学名を言うことになります。短い自己紹介ならこれで十分ですが、自分を知ってほしい、こんな人間であるということを知らせるため、趣味や特技、好きなことなどを述べる場合もあります。これは同好の士を見つけ、友達になってもらいたいからであるといえます。また、なぜ自分がその場にいるのかといったことを話すこともあります。サークルだったら、なぜそのサークルを選んだか、その活動に関するこれまでの経験や好きな点などについて話すでしょう。そのグループについてほめることもあります。

2.7　ご挨拶（スピーチ）

　日本では式典、会議、懇親会など何らかの会合、パーティーなどで最初や途中で挨拶が続くことが多いといえます。同窓会などの私的な会合でも多いです。挨拶は事前に知らされて準備する場合もあれば、その場で指名されることもあります。スピーチや挨拶などといわれますが、日常の場での挨拶というよりあらたまったものであるため、ここでは「ご挨拶」と呼んでおきます。「ご挨拶」には型があり、特に最初の部分と最後の部分は丁重語が多用されます。最初の部分は「こんにちは」などの挨拶に続いて、名乗りが続きます。知られている場合は簡単に名前だけ、知られていない場合は自己紹介と同様に所属や

主催者との関係など自分の情報を伝えます。次にその会合に合わせて、「お招きありがとうございます」「お祝い申し上げます」などの決まった形の挨拶を言います。自分がなぜこの場で話すのかについて、自己紹介を兼ねて説明することもあります。最初の型が終わると実質的な話になりますが、相手について言及したり、ほめたりすることが含まれます。最後に「以上です」「ありがとうございます」「挨拶の言葉とさせていただきます」などの謝辞や終わりの挨拶などで締めくくります。このような会では、主催者、主賓、来賓、一般の参加者など、役割が決まっていることが多く、ご挨拶はそれぞれの立場によって言うことが変わります。

VI　日本語教育における扱い方

　日本語教育の現場で敬語や待遇コミュニケーションを扱うには、どのようにすればよいでしょうか。考えてみましょう。

1．考え方

　日本語教育の現場で待遇コミュニケーションを扱うときには、理解することと表現することを分けることが大事です。学習者が接する生の日本語には敬語を含む表現が使われることが多く、初級段階ですべてを理解することは難しいのですが、毎日の生活の中では必要な知識、情報であることも多いので、その意図を理解できるようになることは重要です。^(注) 教育の中で早い段階から取り上げる必要があります。

　しかし、教えた敬語を含む表現すべてを学習者が言えるようにする必要はありません。日本語非母語話者が日本語で発信するとき、実際には初級段階で学習する範囲で話せば、相手に意思を通じさせることは可能だからです。もっと限定すれば、０レベル、つまり敬語としては「です」「ます」「〜てください」だけを使っても用は足りますし、失礼にもなりません。むしろ間違った敬語を使うと失礼になる場合が

（注）日本の社会生活で耳にする敬語を取り上げた教材に『聞いて慣れよう日本語の敬語─場面で学ぶ日本語コミュニケーション─』（スリーエーネットワーク）がある。

あり、それならいっそ使わないほうがよいくらいです。（ただし、マイナス1レベルである「タメ口」だと失礼になりますので、社会生活の基本である0レベルを推奨したいと思います。）そして、使えるものを少しずつ増やしていけばいいと考えます。むしろ難しいのは日本語上級者です。日本語が拙いうちは、不適切なことを言ったり、失礼と思われる振る舞いをしたりしても大目に見てもらえますが、日本語が流暢になればなるほど、日本語母語話者からは非母語話者扱いされなくなり、正しい日本語を使うことが期待されます。流暢に話される日本語の中に間違った使い方や失礼な言い方の日本語があると、それを意図して言ったものと誤解されることもあります。

　どの学習段階においても、日常聞く機会のある母語話者の日本語は形や意味だけでなく、どのような配慮の下にその表現が選ばれているかも含め、まずは理解させることに集中し、アウトプットに関しては場面を提示した上で、よく使われる便利な表現を「おすすめ表現」として紹介し、それが使えるようになる練習をするのが望ましいといえます。

　それと同時に、本書で示したような日本語の待遇コミュニケーションの基となる考え方を理解してもらうことが大切です。本書で示したいろいろなエピソードに見られるような誤解を解き、なぜそのような表現をするのか、しないのかについて説明できるとよいでしょう。そのためには、まず教師がきちんと理解していることが望まれると思います。

　次に、具体的に各段階での注意点を見ていきたいと思います。

2．初級

　初級では決められた教科書に従って教えることが多く、独立した「待遇コミュニケーション」のための時間を取ることは難しいといえます。そして、「敬語」といえば、どの教科書でも初級の最後にまとめて扱われることが多いようですが、形の紹介が中心で、考え方について説明されることは少ないかもしれません。しかし、エピソード①（p.4）で示したように、待遇コミュニケーションという考え方は、日本語教育の1日目から必要なものです。ここでは、教科書で取り上げられている表現を使って日本語の待遇コミュニケーションの考え方をどう伝えていけばよいか、『みんなの日本語』（第2版）を例にして、考えてみたいと思います。

　『みんなの日本語』だけでなく、最近の初級教科書に出てくる会話はよく考えられたものになっており、非母語話者と母語話者との会話という設定において、それぞれの発話に使われている日本語が注意深く分けられています。基本的に学習者が発話の練習をするのは非母語話者の発話のみでよく、母語話者（日本人役）の発話については、理解は必要ですが、特に発話の練習をする必要はありません。

第1課

初めまして，どうぞよろしくお願いします，失礼ですが，

お名前は？，こちらは〜さんです，あの方，どなた，おいくつ，〜さん

　第1課は自己紹介に関する表現が多く出てきますが、そのほとんどが学習者が使えたほうがよい表現といえます。「初めまして」「どうぞよろしくお願いします」は初対面の自己紹介にふさわしいあらたまった感じを出すことができる表現です。また、相手の名前や出身、家族などプライバシーに関わることを聞くときには「失礼ですが」という表現を使い、相手に対する配慮を表します。相手のものに「お」（お

いくつ、お名前）をつけたり、相手のことを指すときに丁寧な言葉遣いをしたりするのは相手を高める気持ちの表れであることを説明するとよいでしょう。「人」と「方」の違い、「だれ」と「どなた」の違い、「どうぞよろしく」と「（どうぞ）よろしくお願いします」にも注意を向けたいものです。

　なお、相手に向かって呼びかけるときには「あなた」は使わず、「名前＋さん」を使うことや、相手が誰かを知りたいときには、面と向かって「だれ」「どなた」とは尋ねずに、「失礼ですが、（お名前は？）」などの言い方をすることも説明しておく必要があります。

　この段階では日本語で説明するのは難しいので、“polite” など媒介語を使い、「高い」ことを示すジェスチャーでもある程度はわかってもらえると思います。媒介語で説明する教材[注] が望まれます。

第2課

お土産（美化語）, あのう, どうぞ, どうもありがとうございます,

お世話になります

　手土産を渡す場面で必要な表現が出てきます。これらも学習者が使えたほうがよい表現です。「土産」は自分が持って行くものですが、美化語の「お」をつけると、きれいな言葉遣いをしている印象を与えることができます。また、手土産を渡すときには、「どうぞ」と控えめに言って差し出すのが、相手への負担を軽減することにもつながり、日本でのマナーに合っているということも伝えるとよいでしょう。受け取る側は、相手と同等や下の場合、また、親しい関係でない

（注）日本語と中国語併記の『日語敬語45問』や日本語とタイ語併記の『なぞとき敬語』などがある。

場合は「ありがとう」というのではなく、「ありがとうございます」と「ございます」をつけて言う必要があることもポイントです。日本語では親しい友達や家族と話すときのマイナス１レベル、事務の人、親しくない同級生などと話すときの０レベル、日本語の先生、校長先生や年上の人に話すときのプラス１、プラス２レベルがあり、最初に、誰に話しても失礼にならない０レベルの表現を練習することをこの段階で説明することもできるでしょう。

第３課

こちら，そちら，あちら，どちら，いらっしゃいませ，

（〜を）見せてください，（〜を）ください

「こちら、そちら、あちら、どちら」は「これ、それ、あれ、どれ」よりもあらたまった感じが出ます。あらたまった場では、「こちら、そちら、あちら、どちら」を使うほうがよいといえます。「丁寧polite」という言葉を使ってもいいと思いますが、初めて行くところやお客さんに対してなどあらたまった場についての説明もできるでしょう。

　依頼の最も簡単な形として、「（〜を）見せてください」「（〜を）ください」が出てきます。この時点では「て形」もやりもらいの表現も学習していませんが、表現として覚えるとともに、話し手が恩恵を受けているということを認識している表現だということを説明するとよいでしょう。このほか、会話に出てくる軽い感謝の挨拶としての「どうも」や、話の切り出しに用いる「すみません」にも注意を向けたいものです。

このほか、使えるようにしておきたい表現としては以下のものがあります。

第4課　「大変ですね」

第5課　「どういたしまして」

第6課　「いいですね」「じゃ、また、あした」

　　　　　「ちょっと（休みましょう）」

第7課　「失礼します」「いただきます」

第8課　「いいえ、けっこうです」「そろそろ失礼します」

　　　　　「きょうはどうもありがとうございました」

第9課　「お元気ですか」「残念ですが、約束がありますから」

第11課　「行ってらっしゃい」「行ってきます」「〜でお願いします」

第12課　「ただいま」「お帰りなさい」

第14課　「〜お願いします」

第15課　「ご（家族）」

第16課　（ほめられて）「いいえ、まだまだです」

第22課　「お願いします」

第25課　「お世話になりました」

　一方、日本人役の発話にある以下の表現は聞いてわかればよいものだといえます。何を言っているか、それにどのような配慮がされているかを理解し、そう言われたことに対してどのような行動をするべきかなどを理解できるとよいでしょう。＊の挨拶表現は学習者に余裕があれば、使う練習も可能です。

第7課　「いらっしゃい」「どうぞお上がりください」

　　　　　「（〜は）いかがですか」

第8課　「またいらっしゃってください」

第 9 課	「金曜日の晩はちょっと……」「また今度お願いします」
第 11 課	「*いい天気ですね」「お出かけですか」
	「かしこまりました」
第 12 課	「*どうもすみません」（感謝の意）
第 13 課	「ご注文は？」「少々お待ちください」
	「～でございます」
第 15 課	「いらっしゃいますか」
第 16 課	「お引き出しですか」
第 17 課	「*お大事に」
第 21 課	「久しぶりですね」
第 22 課	「お探しですか」
第 25 課	「*おめでとうございます」「*お体に気をつけて」

　なお、第9課の「～はちょっと……」「また今度お願いします」は日本人の発話として出てきますが、誘いに対する断り、その後の断りに対する修復として重要な表現です。練習Cではそこまでの練習はさせていませんが、学習者によっては使えるように指導する可能性もあると思います。

　日本語の待遇コミュニケーションにとって重要な恩恵を表す「やりもらい」表現、「～てくれる」「～てもらう」「～てあげる」については十分な説明と練習が必要です。これらはなくても意味は伝わるので、なぜ使わなければならないかを理解しないと使えるようになりません。

　また、普通体を学習すると、あらたまり度が0レベルである「です」「ます」を使わなくなってしまう学習者もいますが、初級では、普通体のマイナス1レベルと丁寧体の0レベルの違いに留意させ、この2つの文体を混ぜることなく、相手によって使い分けられることが

重要だと考えます。「いらっしゃる」「ご覧になる」などの尊重語系を使う練習より、実際に使う必要度の高い、依頼の「〜ていただけませんか」が使えるように練習するほうが重要です。日本語の日常生活でよく使われる「挨拶」などとともに、場面を作って練習させたほうがいいでしょう。

3．中級、上級

　中級以上になると、使える表現を増やしていくことが必要となります。中級になると、口頭表現や聴解の時間なども取りやすくなりますし、場合によっては「敬語」「待遇表現（コミュニケーション）」などに特化した授業も可能になります。中級以上でも理解と表現の練習は分けて扱うほうがいいでしょう。理解の練習としては、ドラマなどを使って、話し手と聞き手の人間関係を考えながら、会話に使われている配慮の表現や恩恵の向かう方向を分析する練習を行うことが効果的です。場面も含めた会話を視聴することで、どんな配慮がどのような表現で表されるか（表されないことも含めて）が理解できます。登場人物が限定され、人間関係がわかりやすいドラマがそのような練習に適していると思います。

　表現の練習に関してよく行われているのは、「依頼の表現」「機能会話」などという名目で「〜ていただけませんか」などの表現を練習させることですが、機械的にロールプレイなどで形の練習をするだけではあまり意味がありません。また、単に「依頼してください」という指示の下での練習では、いろいろな場面が出てきてしまいますので、状況や人間関係を設定し、表現する人がどのような意図をもってその場面に臨んでいるかを考えて練習させるほうがいいでしょう。どんなときに「依頼」をするのか、どんな「依頼」があるのか、学習者本人

の人間関係を想定した上で練習することが望まれます。「断り」の練習においても、「断る」ことが日本語でどのような意味をもつのかということや、「断る」ことを躊躇する学習者に対し、日本語では「断る」ことは悪いことではないということを説明する必要があります。また、断る際の適切な表現だけでなく、断った後の相手との関係の修復の仕方なども同時に教えないと、実際に使える表現を習得することはできないでしょう。「断り」の練習で、「先生からの依頼を断ってください」とだけ言って練習させ、結局断れずに引き受けることになってしまうことがありました。

　中級以上では、可能であれば、敬語やそのほかの配慮について説明した上で、表現意図ごとの練習をしていくといいでしょう。この場合、学習者個人の母語ではどのように行っているかを内省させることも重要です。自分の母語と日本語の違いを意識することで、日本語で行われていることは形は違っても母語でもあり得ると知るようになり、学習者にとっても自分の母語を内省する深い学びとなります。また、クラスメートの話を聞いて、言語によって違うことが確認できるでしょう。筆者もそのような授業の中で、様々な言語の「待遇コミュニケーション」について学んできました。

　表現意図別の練習については、どのような条件の下にその言語行動が行われるかの分析から始まり、学習者のもつ具体的な人間関係の中から設定を作って練習させることが必要です。学習者が生活の中で見聞きした実例を紹介させ、それを分析することも効果的でしょう。また、どのように振る舞うとどのように見られるか、受け止められるかについても、一例を示しておくことが必要です。相手の反応を見ることで学ぶことも多いでしょう。つまり、学習者自身による観察と考察、分析のための手がかりを示すことが重要になるといえます。実際

の言語行動は学習者自身がその状況や人間関係を判断して行うものですから、教育の中ではそれができるための手がかりや考え方を提示することができればよいのではないでしょうか。

　上級になると、メールなど書き言葉での練習も必要です。最近の若い人はメールを使わなくなっているようですが、仕事の場面や大学でもメールはまだ多用されており、日本語母語話者もメール一つ書くのに時間をかけ、よくよく考えた上で出すことも多いのではないでしょうか。メールは書かれたものしかなく、表情や声の調子で情報を補うことができないため、書き方を誤ると相手を怒らせたり、意図が通じなくなったりすることもあります。これも実例を基に意図や配慮をどのように読み取るかという練習と、使用する表現の練習が必要になります。むしろ本当に難しいのは、書き方そのものより人間関係の理解と配慮の仕方かもしれません。人間関係をどのように捉え、それについてどのような配慮が必要になるのか、そして、その配慮をどう言語化していくかについて例を基に考えてみることが必要です。その練習を繰り返すことで、少しずつ学んでいき、自力でそれに合った具体的表現を選ぶことも含め、適切なメールが書けるようになることは、一つの学習のゴールといえるかもしれません。そのようなことが学習できる教材も、今後出版されることを期待したいと思います。

Ⅶ おわりに

1．敬語は何のために使うのか

「敬語」はどうして存在するのか、それは、日本語がそういう言語だから、ということがいえるでしょう。日本語ではすべてのことを話し手自身の観点からとらえたものとして表現します。客観的中立的な一人称は存在せず、相手と自分との関係で、あるいは自分をどのような人として見せたいかによって一人称が決まります。自分が世界をどのように見ているのか、自分をどのように見せたいのかによって、言葉遣いが決まってくる言語なのです。

そのため、日本語では誰かと話すとき、その人の位置づけを自分の観点から表す必要が出てきます。相手が上の人の場合は、自分から見て、あなたは上位にある、敬意をもって接する相手と認識している、ということを常に明示する必要があります。そして、それを示してさえいれば、基本的には対等の立場になり、自由にものが言えるようになるともいえます。例えば学生が先生からの依頼を断れるかですが、日本語の社会では、言い方には気をつけなければならないが、断ることは可能だということになるでしょう。このように、上位の人には言語面でしかるべき対応、つまり必要な待遇をしておけば、役割を優先することができ、自分の立場からの対応ができるのです。その意味で「敬語」は封建的な上下関係を表すもの、と考えるより、使うことによって自由を得ることができる道具ととらえることはできないでしょうか。

2．待遇コミュニケーションに影響を与えるもの

　本書をお読みになって、私たちは様々な約束事、常識、前提となるものに囲まれていることにも気がつかれたと思います。そのような考え方は「待遇コミュニケーション」にもいろいろな形で影響があります。例えば、「貸し借りなしの平等がいい」という考え方は、「上位の人を敬語を使って高く待遇することで自分も相手と対等にものが言える」という考え方を導きますし、「スケジュールに従うことが重要」という考え方は、「早めに知らせることが配慮になる」とか、「時間を守るために相手が上位者であっても注意する」などといった「待遇コミュニケーション」のルールに関わってきます。留学生と日本語母語話者の学生が混在する大学院の授業で、「研究会などの発表の場で、持ち時間を超過して話し続けている年配の教授に対し、タイムキーパーの大学院生が終了時間を知らせるベルを鳴らすかどうか」について議論したことがあります。日本語母語話者は、鳴らすのは当然だと言い、アジア系の留学生は鳴らすことをためらうと言う人が多くいました。日本語の社会では役割が重視されることがわかる一例です。また、海外の著名な研究者が、来日した際、トイレのスリッパをそのまま室内に履いてきたことを、お世話係の大学院生に注意されて不快に思ったという例があります[注]。大学院生が目上である研究者に思わず注意してしまったのは、自分がお世話係だったからということもあるでしょうが、日本語の文化ではトイレは不潔、というより「不浄」のもので、履くものを分けなければならないと考えたからで、この意

（注）薛鳴・坂本惠（2019）「人間関係はいかに言語行動に影響するか―中国語社会と日本語社会の比較から―」待遇コミュニケーション学会『待遇コミュニケーション研究』第16巻 pp.73-89

識は日本語の文化で育った人たちには強く刷り込まれているといえます。しかし、普段は全くそのようなことは意識していません。

これらの例からわかることは、失礼だと思うこと、変だと思うことについて、それらは違う考え方、発想から来ているかもしれない、と一歩立ち止まって考えてみることと、それを許容する寛容さが必要だということです。文化が違えば常識も違います。違う文化、異文化と接するときに「おかしい」「変だ」ではなく、「違うんだ」「面白い」と考えてほしいと思います。そうすることは自分自身の文化を客観的に見る第一歩となります。

「敬語」、さらには「待遇コミュニケーション」を考えることは自分自身の文化を考えることになり、自分自身がどんなことを考えているかにも通じます。「敬語」を難しいものと思わずに、自分自身の言葉を大切なものとして磨いていってほしいと思います。

3．学習者への敬語指導

学習者には、敬語の勉強は、日本語母語話者の考え方、世界観を知ることが重要で、言葉だけの問題ではないことをまず理解してもらうことが重要です。そのうえで、次の3点を念頭に置いて指導するとよいと思います。1つ目は、言語面の指導ですが、0レベルの「です」「ます」を使った表現が適切に使えるようになること、プラス1レベルで使われる敬語表現は、まずは聞いてわかることを目指し、次によく使う表現から練習すること。2つ目は、日本語母語話者の認識している場面による役割の重要性と、あらたまりの考え方を意識させること。3つ目は、言葉遣いは自分自身を表すものなので、自分がどうありたいかを考えて習得してほしいということです。それに加えて、言葉が間違っていても気持ちは伝わるので心配する必要はない、むしろ

気持ちが大切だということを伝えるとよいでしょう。p.5 のエピソード④「あ、先生、おはよう」の例でも、学生の態度から先生に対する敬意は伝わっているので、日本語教師以外であれば、それほど気にしないと思います。実際、この話を違う分野の研究者にしたところ、「そういえば、留学生は『先生、おはよう』って言いますね」と言っていましたが、失礼だとは思っていないようでした。

4.「相互尊重」と「自己表現」

　度々取り上げてきた 2007 年の文化審議会答申「敬語の指針」は、日本語の敬語を観察、分析した上で、好ましい言葉遣いを提唱した「敬意表現」の考え方を受け継いでいます。「敬意表現」というのは「敬語の指針」の前提となっている考え方で、2000 年 12 月に出された第 22 期国語審議会答申、最後の国語審議会答申となったものの一つ、「現代社会における敬意表現」の「敬意表現」を指しています。「敬語」だけではなく、敬語を使わなくても表される配慮の表現も含めて表すために作られた用語で、「審議会答申」の性質上、好ましい言葉遣いとして提案されているものです。その定義は以下のようになっています。

　　敬意表現とは、コミュニケーションにおいて、相互尊重の精神に基づき、相手や場面に配慮して使い分けている言葉遣いを意味する。それらは話し手が相手の人格や立場を尊重し、敬語や敬語以外の様々な表現から適切なものを自己表現として選択するものである。

ここで示されているのは、「相互尊重」という、相手を尊重し理解すると同時に、自分自身も大切にして自分の言いたいことを相手にきち

んと伝えること、そして、言葉は自分自身を表すものであって、自分がどうしたいか、どうありたいかが表現されるものであるという「自己表現」の考え方です。本書でも実際の言葉を分析した上で、その背景にあるものを探り、そして、好ましい方向性を提唱していきたいと考えました。

　「敬語」が上手に使えるようになり、コミュニケーションがうまく取れるようになるためには、よりよい「敬語」「言葉遣い」「コミュニケーション」がどのようなものであると自分が考えているのか、さらに自分はどうありたいのか、どのように見られたいのか、どのような言葉遣いをしていきたいのかということを考える必要があると思います。

敬語の分類　5分類〈11分類〉

1　尊敬語　　動作（・状態）の主体を高くする（敬語的性質）

〈直接尊重語〉

① お／ご～になる

　　例：おでかけになる，お読みになる，お待ちになる，ご出席になる

② ［お／ご］～なさる

　　例：［お］書きなさる，［ご］研究なさる，［ご］旅行なさる，［ご］結婚なさる

③ お／ご～だ（です）　例：おでかけだ，お持ちだ，ご旅行だ，ご出席だ

④ ～れる／られる　　例：読まれる，書かれる，待たれる，出かけられる

⑤ 特別な形　例：いらっしゃる，おっしゃる，召し上がる，ご覧になる

⑥ ～ていらっしゃる／おられる／おいでになる

　　例：来ていらっしゃる／おられる／おいでになる

⑦ ［お］～くていらっしゃる，［お／ご］～でいらっしゃる

　　例：［お］若くていらっしゃる，［ご］熱心でいらっしゃる，努力家でいらっ
　　しゃる，2名様でいらっしゃる

⑧ お／ご～（形容詞）　例：おきれいな，ご親切な，お美しい，お忙しい

⑨ お／ご～（名詞）

　　例：お荷物，お留守，ご本（あなたの、どなたかの），ご理解，ご病気

⑩ お／ご～（副詞）　例：お静かに，ごゆっくり

⑪ お～様　例：お医者様，お子様

〈相手尊重語〉

⑫ 御社，貴社，玉稿，貴殿，～殿

〈恩恵直接尊重語〉

⑬ くださる

⑭ ～てくださる　例：見てくださる，待ってくださる，持ってくださる

⑮ お／ご～くださる　例：お待ちくださる，お持ちくださる，ご説明くださる

⑯ 特別な形　ご覧くださる，おいでくださる

2 謙譲語 I　　動作に関係する人物を高くする　動作の主体を高くしない

〈間接尊重語〉

① お／ご〜する

　　例：お送りする, お待ちする, お持ちする, ご連絡する, ご説明する

② お／ご〜願う　例：お立ち願う, ご足労願う

③ お／ご〜申し上げる

　　例：お祝い申し上げる, お喜び申し上げる, ご案内申し上げる

④ 特別な形　例：伺う, 申し上げる, 拝見する, お目にかかる, お目にかける

⑤ お／ご〜（名詞）　例：お手紙（わたしからあなたへの）, お知らせ, ご説明

〈恩恵間接尊重語〉

⑥ いただく・差し上げる

⑦ 〜ていただく

　　例：来ていただく, 見ていただく, 持っていただく, 説明していただく

⑧ お／ご〜いただく　例：お持ちいただく, ご説明いただく

⑨ 特別な形　例：お出でいただく, ご覧いただく

⑩ 〜てさしあげる　例：書いてさしあげる

3 謙譲語 II（丁重語）　　相手や場に対するあらたまりを表す
　　　　　　　　　　　　　　　　動作の主体を高くしない

〈丁重語〉

① いたします, 〜いたします, 申します, 参ります, 存じます, おります, ございます

② 〜ております

③ 〜てまいります

〈自己卑下語〉

④ 私, 私ども, 小生, 愚息, 愚見, 小社, 拙宅, 弊社, 粗品

謙譲語Ⅰ＋Ⅱ

〈尊重丁重語〉

⑤ お／ご～いたします　例：お願いいたします，ご連絡いたします

4　〈美化語〉　　言葉をきれいにする

① お～　例：お金，お花，お水，お仕事，お天気，お休み，お弁当

② ご～　例：ご挨拶，ご褒美，ご縁

③ あげる（←やる）　食べる・いただく（←食う）　ごはん（←飯^{めし}）

　　　　亡くなる（←死ぬ）　おなか（←腹）

5　丁寧語　　　文章・談話を丁寧にする
　　　　　　　　文章・談話を丁重にする

〈丁寧文体語〉

① です・ます

〈丁重文体語〉

② でございます・であります

参考文献 さらに深く知りたい人のために

井出祥子（2006）『わきまえの語用論』大修館書店

蒲谷宏（2007）『大人の敬語コミュニケーション』（ちくま新書 694）筑摩書房

蒲谷宏（2013）『待遇コミュニケーション論』大修館書店

蒲谷宏（2014）『敬語マスター―まずはこれだけ三つの基本―』大修館書店

蒲谷宏（2015）『敬語だけじゃない敬語表現―心づかいと思いやりを伝える「丁寧さ」―』大修館書店

蒲谷宏（2024）「待遇コミュニケーションとしての『サセテイタダク』に関する考察」『日本語学研究と資料』第 47 号日本語学研究と資料の会

蒲谷宏・川口義一・坂本惠（1998）『敬語表現』大修館書店

蒲谷宏・川口義一・坂本惠・清ルミ・内海美也子（2006）『敬語表現教育の方法』大修館書店

蒲谷宏・金東奎・高木美嘉（2009）『敬語表現ハンドブック』大修館書店

蒲谷宏・金東奎・吉川香緒子・高木美嘉・宇都宮陽子（2010）『敬語コミュニケーション』朝倉書店

蒲谷宏・任ジェヒ・曹旼永・唐暁詩・平松友紀・溝井真人・柳東汶（2019）「『〈言語＝行為〉観』再考―『前提』・『背景』の提唱―」『日本語学 研究と資料』第 42 号

国語審議会「現代社会における敬意表現」（2000 年 12 月）
https://www.bunka.go.jp/kokugo_nihongo/sisaku/joho/joho/kakuki/22/tosin02/index.html（2024 年 3 月 1 日閲覧）

坂本惠（2018）「中国で考える日本語の敬語コミュニケーション」『待遇コミュニケーション研究』第 15 巻

坂本惠（2019）「『丁寧』『配慮』『尊敬』『尊重』― 待遇コミュニケーションのキーワード―」『待遇コミュニケーション研究』第 16 巻

坂本惠（2023）「私の考える日本語の待遇コミュニケーション研究」『待遇コミュニケーション研究』第 20 巻

坂本惠・趙華敏（2022）『日語敬語 45 問』華東理工大学出版社

坂本惠・高木美嘉・徳間晴美他（2023）『聞いて慣れよう日本語の敬語―場面で学ぶ日本語コミュニケーション―』スリーエーネットワーク

坂本惠・タサニー・メータピスイット他（2023）『なぞとき敬語』JSAT Thailand
https://www.jsat.or.th/book-ebook/（2024 年 3 月 1 日閲覧）

薛鳴（2024）『「関係」の呼称の言語学―日中対象研究からのアプローチ―』ひつじ書房

薛鳴・坂本惠（2019）「人間関係はいかに言語行動に影響するか—中国語社会と
　日本語社会の比較から—」『待遇コミュニケーション研究』第 16 巻
待遇コミュニケーション学会　https://tcg.gsjal.jp/（2024 年 3 月 1 日閲覧）
辻村敏樹（1977）「日本語の敬語の構造と特色」『岩波講座日本語 4 敬語』岩波書店
文化審議会「敬語の指針」（2007 年 2 月）
　https://www.bunka.go.jp/seisaku/bunkashingikai/kokugo/hokoku/pdf/
　keigo_tosin.pdf（2024 年 3 月 1 日閲覧）
文化庁「平成 17 年度『国語に関する世論調査』の結果について」（2006 年 7 月）
　https://www.bunka.go.jp/tokei_hakusho_shuppan/tokeichosa/kokugo_
　yoronchosa/h17/（2024 年 3 月 1 日閲覧）

あとがき

　本書を読んで敬語や日本語についての見方、考え方が変わったでしょうか。敬語は、話し手の見た世界を描き、話し手の立場から発信するという日本語のあり方に深く結びついており、今後も、形は変わるかもしれませんが、なくなることはないと思われます。敬語は難しいところもありますが、とらえ方、考え方を変えることで見えるものが違ってくるのではないでしょうか。敬語を含む発言や言葉遣いは、自分がどうありたいのか、自分をどう見せたいかに関わるものであり、その人自身を表すものなのです。そして同時に、他の人の言語表現も、その人自身が表れているものと思って受け止めてほしいと思います。

　筆者は敬語の研究を始めて約45年、日本語教育に携わって約40年になります。この間、国内外の様々な機関で日本語教育に携わり、海外の生活、学生の発言、研究仲間、同僚とのやりとりから考えさせられ、教えられることがたくさんありました。また、文化審議会答申「敬語の指針」などにも関わってきました。その中で日本語の敬語をどう考えるか、どうとらえたらいいかを考え、まとめたものが本書です。

　本書を発行するにあたって、たくさんの方々にお世話になりました。授業で接した学生さんたちのほか、様々な場所で接してきた方々に感謝したいと思います。また、佐野智子さんはじめスリーエーネットワークの編集のみなさんには本書の企画に始まり、たくさんの励ましとアドバイスをいただきました。みなさんにお礼を申し上げたいと思います。

　他の人を尊重すると同時に自分自身も大切にすること、そして気持ちは言葉にかかわらず伝わるものであり、言葉は自分自身を表しているものであるということを覚えておいてほしいと思います。

索引

著者
坂本恵

東京外国語大学名誉教授。早稲田大学大学院文学研究科博士後期課程満期退学（日本文学（国語学）専攻）。下関市立大学、神奈川大学、東京外国語大学、日本大学ほか、大連外国語学院、北京日本学研究センター、東北師範大学赴日本国留学生予備学校等にて日本語教育に従事。
第22期国語審議会委員、平成17年度文化審議会国語分科会臨時委員。
専門は日本語学、日本語教育。

著書（共著）：『敬語表現』大修館書店、『敬語表現教育の方法』大修館書店、『日語敬語45問』華東理工大学出版社、『なぞとき敬語』JSAT Thailand

編著書：『はじめての専門書』凡人社、『日本をたどりなおす29の方法-国際日本研究入門』東京外国語大学出版会、『国際日本研究への誘い—日本をたどりなおす29の方法』東京外国語大学出版会、『聞いて慣れよう日本語の敬語—場面で学ぶ日本語のコミュニケーション』スリーエーネットワーク

執筆：『アカデミックジャパニーズ聴解中級／中上級／上級／動画で学ぶ大学の講義』スリーエーネットワーク

イラスト
石山沙蘭

装丁・本文デザイン
ベーシック　畑中猛

日本語教師が知りたい
敬語と待遇コミュニケーション

2024年4月23日　初版第1刷発行

著　者	坂本恵
発行者	藤嵜政子
発　行	株式会社スリーエーネットワーク
	〒102-0083　東京都千代田区麹町3丁目4番
	トラスティ麹町ビル2F
	電話　営業　03（5275）2722
	編集　03（5275）2725
	https://www.3anet.co.jp/
印　刷	萩原印刷株式会社

ISBN978-4-88319-951-8　C0081